文化境界とアイデンティティ

ロンドンの中国系第二世代

山本須美子 著

九州大学出版会

まえがき

　イギリスでは，大都市のロンドンやバーミンガム等にある中華街でなくとも，街を歩けば中国料理店や中国料理の惣菜店をよくみかける。また，どんな小さな町に行っても，家族経営の小さな中国料理店や惣菜店に行き当たる。これは，第二次大戦後，イギリスでの中国料理ブームに乗って，主に香港の新界から移民してきた人々が，中国料理に関わる飲食業に携わり，イギリスの隅々にまで広がり住み着いているからである。イギリスで中国料理を食べたことのある方は，都市の中華街の大きな店であれ，いなか町の小さな店であれ，そこで接客をしている中国系の若者たちに出会ったことがあるのではないかと思う。中国料理というエキゾチックさを売り物とするお店でてきぱきと接客をする彼らは，容姿も東洋人であることから，イギリス社会において中国文化を代表しているかのような印象をもたれているかもしれない。しかし，そこで働いている彼らは，ほとんどがイギリスで生まれ，英語の方が中国語よりも上手であり，イギリスの大学に通っている者も多い。本書は，そうした中国系第二世代の若者たちからライフヒストリーをめぐる話を聞き，筆者に語られた彼ら自身の声から，イギリス社会における彼らの自己形成の過程について検討したものである。

　イギリスでは，第二次大戦後の産業復興のために，英連邦諸国から大量の労働者を受け入れ，都市は多民族的状況を呈している。彼らはエスニック・マイノリティと呼ばれ，現在，若い世代は，中国系に限らずその大部分が，イギリスで生まれ，イギリス社会で教育を受け育っている。主流の言説において，彼らは，親の背景にイギリス社会とは異なった文化があることによって，文化的に異なった存在として一括りに捉えられてきた。しかしながら，実際若い世代は，親の背景にある文化と主流社会の文化との境界領域において，いかなる教育を受け，いかに自己形成しているのであろうか。この小論は，中国系第二世代の若者の語りを通して，そうした問いに答えることを試

みたものである。

　イギリスにおけるエスニック・マイノリティの教育や自己形成に関するわが国の研究は，多文化教育という視点から，政策や制度を中心に論じたものしか管見の限りではない。マイノリティ自身の生の語りを中心的資料に用いた小論の試みが，こうした分野の研究に，新しい視座を投げかけられればと思う。さらに，世界的にグローバル化が進み，国境を越えた人々の移動が増加し，それに伴って人の一生が一つの文化の中で完結するものではなくなっている現代社会において，さらに注目される課題となるであろう複数の文化に跨がる自己形成過程を捉える新しい枠組みが提出できれば幸いである。

　なお本書は，学位論文『移民第二世代のアイデンティティ形成に関する教育人類学的研究 —— 在英中国系移民の事例から』（博士・教育学。1998年9月九州大学から授与）を加筆，修正したものである。

　本書をまとめるまでには，数多くの方々にお世話になった。筆者は，2人の子供の育児をしている時期に，文化と人間形成の関わりに興味を持ち，九州大学大学院教育学研究科で文化人類学を学んだのであるが，当時門外漢の筆者を受け入れ指導教官として小論をまとめるに至るまでの専門研究に導いてくださったのは，丸山孝一先生である。また，ロンドン大学留学中の指導教官であったロンドン大学多文化教育センター教授C. ジョーンズ先生や当時同センター長J. ガンダーラ先生には，帰国後も長年に亘って貴重なご指導とご支援をいただいた。九州大学大学院在学中には，江淵一公先生，稲葉継男先生はじめ多くの先生方にも温かいご指導をいただいた。さらに本研究をまとめるにあたっては，九州大学大学院教育学研究科での先輩・同僚にも温かい励ましや貴重なコメントをいただいた。

　ロンドンでの現地調査においては，ウエストミンスター地区の中国系福祉行政官のデビッド・テン氏に，調査開始当初から今日に至るまで長年に亘り限りないご支援をいただいた。また，マークとアリス夫婦，マーティン・エディ・ホイリンの三兄弟のリー家の皆さんは，いつも調査中の筆者を温かく迎え入れて滞在させてくださり，食事のお世話にもなり，調査にも協力していただいた。ハリンゲイ・チャイニーズ・コミュニティ・センターの職員であるフローラ・マン氏にも調査中温かいご支援をいただいた。また中国系の

沢山の方々が，筆者のインタビューのために貴重な時間を割いてくださった。彼ら一人ひとりとの出会いを通して本書が生まれたと思う。またインタビュー対象者としてだけではなく，友人として長年筆者の調査を支えてくれた方々もいる。ここに記して心からの感謝の意を表したい。

さらに本書の刊行に際して，お世話下さった九州大学出版会，編集長藤木雅幸氏に厚くお礼申し上げたい。

最後に，学問を始めた当初から今日に至るまで，筆者を支えてくれた夫・盤男には心から感謝している。また学問を始めた頃は幼かった2人の子供が，いつの日か本書を手にし，母親が何をしようとしていたのかを理解してくれたらと思う。さらに，遠くから筆者をいつも精神的に支えてくれている名古屋にいる両親にも，本書をささげたい。

2001年秋

著　者

目　　次

まえがき ……………………………………………………………… i

第1章　視点と方法 ……………………………………………… 3
第1節　研究課題 ………………………………………………… 3
第2節　中国系移民に関する先行研究 ………………………… 9
第3節　理論的枠組み …………………………………………… 13
1．文化境界とアイデンティティ形成　　13
2．エスニシティ論との関わり　　23
3．エスニック・マイノリティの教育研究との関わり　　25
第4節　調査方法 ………………………………………………… 27

第2章　中国系移民の歴史的背景 ……………………………… 37
第1節　第二次大戦以前の中国系コミュニティ ……………… 37
第2節　第二次大戦以後の中国系コミュニティの変化 ……… 40

第3章　アイデンティティ形成の背景 ………………………… 49
―― ロンドンにおける四つの教育機関 ――
第1節　正規の学校 ……………………………………………… 51
1．エスニック・マイノリティの教育をめぐる政治的言説の変遷　　52
2．英語力と第二言語としての英語教育　　56
3．母語教育　　59
4．成績と社会的上昇　　63
第2節　中国語の補習校 ………………………………………… 67

1．発展の歴史　*67*
         2．London Kung Ho Association Chinese School の事例　*70*
         3．クラスの種類，資金援助，教授内容，教師　*71*
         4．親と子供にとっての補習校　*74*
   第3節　チャイニーズ・コミュニティ・センター………………………*75*
         1．センターの活動　*76*
         2．若い世代とコミュニティ・センターとの関わり　*80*
   第4節　家庭——香港系とマレーシア系……………………………*82*
         1．香港系の家庭の事例　*82*
         2．マレーシア系の家庭の事例　*89*

第4章　語りにみるアイデンティティ形成過程の特徴…………*97*
   第1節　思春期以前…………………………………………………*97*
         1．家庭生活——テークアウェイ・ショップの片隅で　*97*
         2．学校生活と差別の経験　*101*
         3．文化的アイデンティティの形成　*106*
   第2節　思　春　期………………………………………………………*111*
         1．アイデンティティの危機とは何か　*111*
         2．親子関係の多様性　*118*
   第3節　高等教育の期間……………………………………………*123*
         1．自信の回復　*123*
         2．進路選択の多様性　*129*
         3．友　人　関　係　*134*
         4．香港での経験　*142*
   第4節　就　職　後………………………………………………………*147*
         1．就職に関する個人的経験　*147*
         2．中国系という集団の捉え方　*150*

第5章　教育の経験とアイデンティティ形成 ……………………157
　第1節　正規の学校教育とアイデンティティ形成 ………………157
　第2節　中国語の補習校とアイデンティティ形成 ………………165
　第3節　教育の経験とアイデンティティ形成の特徴 ……………169

第6章　「イギリス人であること」「中国人であること」 ………171
　　　　── 個人の経験による多様性 ──
　　1．「完璧な英語を話すから，イギリス人である」　*171*
　　2．中国人からイギリス人への位置取りの転換　*175*
　　3．「親といるときは中国人だけど，それ以外はイギリス人」　*179*
　　4．親との激しい葛藤を乗り越えて　*182*
　　5．「中国人であり，かつイギリス人」　*187*
　　6．中国人としてのみの位置取り　*193*
　　7．「中国人であること」の否定から肯定へ　*196*
　　8．宗教と文化へのアイデンティティの交錯　*197*

終　章　受け容れるアイデンティティから
　　　　選び取るアイデンティティへ ………………………………203

参考資料 ……………………………………………………………209
参考文献 ……………………………………………………………211
索　引 ………………………………………………………………225

文化境界とアイデンティティ
── ロンドンの中国系第二世代 ──

第1章

視点と方法

第1節　研究課題

　本書は，イギリス社会で生まれ育った中国系第二世代の若者の自己形成過程を，彼らの教育の経験やライフヒストリーを辿りながら検討するものである。特に中国系の若者一人ひとりが，親の背景にある文化と主流社会の文化との境界領域で，外部から規定される「中国人であること」とか「イギリス人であること」の意味を，日常的な人々との関わりの中で様々に読み替えることによって自己を形成していく過程を，筆者に語られた彼らの声から示していく。そして，それを通して，二つ以上の文化言説の交錯する文化境界[1]での人間形成について，理論的，実証的視野の拡大を目指すものである。

　現在，イギリスのロンドンやバーミンガム等の大都市では，白人は少数派かと思われる程，多民族的状況を呈している。こうしたイギリスの都市の多民族的状況を作り出している人々は，第二次世界大戦後の産業復興のために必要となった安価な未熟練または半熟練労働者として，1960年代をピークに，アフリカ諸国，インド，スリランカ，バングラディシュ，カリブ諸国等の英連邦諸国から大量に都市に流入した移民とその子孫である。彼らは，エスニック・マイノリティ（以下マイノリティと記す）と呼ばれ，イギリスの全人口の5％前後を占めるようになっている[2]。

　現在，マイノリティの若い世代は，その大部分が，イギリスで生まれ，イギリス社会で教育を受け育っている[3]。1970年代頃までは，マイノリティの子供達は，ほとんどが出身国で生まれ，親の移住によってそれまでの生育環境を離れ，移民先であるイギリスの学校に流入していた。それゆえ彼らの教

育をめぐる問題として，英語力不足や主流社会への適応困難，学力不振等が指摘されていた。しかし，第一世代がイギリスでの定住の道を選び，1980年代半ばからマイノリティの若い世代がほとんどイギリス生まれとなったことによって，バングラディシュ系のように戦後遅れてきた移民や，西インド諸島系の子供達の低学力問題は，依然としてあるものの，新たな問題も指摘されるようになった。それは，イギリス生まれの移民第二世代の子供達が，イギリス社会の文化と親の背景にある文化との間で成長することをめぐる問題である。イギリス生まれの子供達は，イギリスの学校に入学すると，家庭の文化と学校の文化の狭間で，自分が何者かわからなくなるという，いわゆるアイデンティティの危機を経験したり，異なった文化を背景とする親との間で，世代間のコミュニケーションがうまくとれなくなってしまうというものである。これらは，二つの文化の間で成長することによる「文化的葛藤」をめぐる問題として指摘されてきた。

　しかしながら，今までイギリスのマイノリティをめぐる言説のなかで議論の対象となることのなかった中国系移民を取り上げた本書は，移民第二世代のイギリス社会での成長過程における問題を，従来の「文化的葛藤」という視点から語るものではない。逆に，文化の境界領域での人間形成に「文化的葛藤」という視点から問題を見出してしまう言説の基づく固定的な文化概念やアイデンティティ概念を再考し，移民第二世代の人間形成過程を捉え直したいと思う。本書では，中国系の若者が，日常的な周囲の人々との相互作用の中で，他者として差異化されたり，それを打ち消したり，自ら差異化したりしながら，固定的な文化概念に基づく言説によって外部から規定される「イギリス人であること」や「中国人であること」の意味をいかに読み替えて自らを位置付けていくかという視点から，彼らの自己形成過程を検討することになる。文化境界における自己形成過程の特徴を，外部から「文化」という枠で括った意味を自己に押しつけられる点に見出す。そして個人が具体的な人と交渉するなかで，自ら押しつけられた意味を読み替えていくところに，自己を形成する過程を捉えたい。このような本書の視点は，「文化的葛藤」という視点から異文化接触状況下での人間形成を捉えてきた従来の研究にはなかったものであり，新たな理論的視座を導くものと思う。

では外部からの「文化」という枠で括った意味の押しつけとは，どのようなことを示すのであろうか。これには，二つのレベルがある。第一は，たとえば学校での差別の経験や，親に「中国人なのだから，こうしなさい」と言われるというような，個人の日常生活における具体的な人との交渉のレベルである。第二は，「中国人」に対して歴史的に形成されたステレオタイプやイメージ，あるいはマイノリティをめぐる政策における言説など，歴史的・社会的に形成された言説のレベルである。この二つのレベルは切り離されたものではなく，相互に関連するものである。たとえば，第2章で詳しく検討するが，中国系移民に対しては，中国料理と結びついたイメージやステレオタイプがイギリス社会の中で歴史的に形成されてきた。そのイメージやステレオタイプが，「中国人」という枠で括った意味として，日常的な人との交渉のレベルで第二世代の若者に押し付けられているのである。

またイギリスのマイノリティの教育をめぐる政治的言説においても，彼らは，親の背景に異なった文化があることによって，文化的に異質な存在として一括りにされて捉えられてきた。ギルボーンは，特に1980年代からの政府のマイノリティの教育政策[4]をめぐる言説を「脱人種化」という言葉を用いて（Gillborn 1995：17）説明している。脱人種化とは，人種問題を扱っていないことを意味するのではなく，人種に代わって，文化や歴史や宗教，国家主義，言語や生活様式という概念によって人種問題に言及し，イギリス国家の統一の脅威としてマイノリティを部外者として位置づけることを指している（Gillborn 1995：22）。これは，イギリス文化とマイノリティの文化との文化的差異の絶対視に基づいた「新人種主義」と呼ばれるもので[5]，サッチャー政権からメージャー政権へと続く保守党や新右翼（New Right）のイデオロギーに受け継がれてきたものである。

最初にこの「新人種主義」という概念を用いたバーカーは，古い人種主義は人種の優劣に基づくものであったが，新しい人種主義は，「文化的差異」に基づくものであると述べている（Barker 1981：23-24）。本質的な文化の差異を強調することによって，マイノリティをイギリスの文化や伝統の外側に位置づけ，「我々イギリス人」の生活様式を脅かす集団として排除するのであり，ラタンシはこれを「差異主義者の人種差別」と呼んでいる（ラタンシ

1996：52)。

　こうした保守党や新右翼のイデオロギーに対抗しようとした労働党は，特に1980年代から，多文化教育や反人種差別教育を推進してきた[6]。しかし，これらは，新人種主義への批判の力にはならなかったことが指摘されている[7]。なぜなら，多文化教育は，本質的な文化を，カテゴリーに括ったマイノリティの子供に固定的に結びつけ，そうした文化を教えることによって，マイノリティへの寛容さを養おうとするものであり，集団間の差異を文化によって固定化している点では，新人種主義に通じているからである。また，反人種差別教育においては，文化よりも人種差別の問題が重要であることが主張されているが，マイノリティが白人による人種差別の犠牲者として一括りに位置づけられ，人種差別の概念を単純化し，白人との差異を固定化してしまうことによって，多文化教育を乗り越えることはできなかったのである。

　保守党の新人種主義もそれに対抗しようとした労働党の多文化主義や反人種差別主義も，酒井による「文化的差異」と「文化的種差」の区別を用いれば（酒井 1996：41)[8]，文化の違いを二つの文化的特殊性の差として同定するという「文化的種差」に解消してしまっているといえる。そして二つの特殊性が必ず，一つの共同体とそれ以外の共同体の属性として理解されてしまうこと（酒井 1996：15)，つまり，文化の波及する範囲と共同体の範囲を重ねあわせて考える文化主義（culturalism）という点で共犯関係にあるといえる。

　本書では，中国系の若者たちが，それぞれの自己形成の過程で，支配的言説によって外部から規定される「イギリス人であること」「中国人であること」の意味を読み替えることによって，このような文化主義を崩していっていることを示唆したいと思う。イギリスにおいては「チャイニーズ・ブリティッシュ」とか「ブリティッシュ・チャイニーズ」というような言説は，中国系の間でも，それ以外の人々の間でも形成されていない。彼らの自己をめぐる語りにおいては，「イギリス人であること」「中国人であること」が交錯している。各個人が外部から規定される「イギリス人であること」「中国人であること」の意味を個人の経験を通して読み替えているのである。本書ではそれを検討することを通して，彼らの自己形成過程においては，自他の区分が，固定的なものではなく，個人の意志に基づいた選択的なものであり，状

況や成長過程において変化しうるものであることを示す。このような方法によって中国系の若者の自己形成過程に，本質的な文化の差異を固定化し，移民を他者として主流社会から排除しようとする言説が崩され，新たな共同性が生み出される可能性を読み取りたい。

また本書は，中国系の若者の自己形成過程を検討する際に，彼らがイギリス社会で実際に受けている教育を包括的かつ日常的な視点から捉えている点にも特徴がある。第3章は，一つのマイノリティ集団が受けている教育のあり方を包括的に記述した教育民族誌としても読むことが出来る。さらにその上で，主体としての個人[9]が，そうした教育の経験を通して，自己のアイデンティティを形成している過程を解明する。それによって，マイノリティへの教育を，制度や政策という外側から記述するに留まらず，教育を受ける側の個々人のアイデンティティ形成にいかに関わっているのかという内側からも捉えることが可能になる。このような本書の視点が，制度や政策に重点を置いたわが国のマイノリティの教育研究に新しい視座を提供し，多少なりとも貢献するところがあればと思う。

さて，イギリスの中国系移民第一世代は，主流は1960年代をピークに主に香港の新界から流入した農夫の出身者であり，1991年センサスでは，中国系人口は約16万人である[10]。彼らは，第二次大戦後のイギリスの中国料理ブームに乗って，その8割以上が中国料理に関わる飲食業に携わっている。他の移民が都市に集住しているのとは対照的に，全国各地に散住し，他のマイノリティのように居住地としてのエスニック・コミュニティを持っていない。ロンドンやバーミンガム等の大都市には中華街はあるが，あくまで商業地区である。それゆえ目立たない集団として"silent minority"と呼ばれてきた。また「海水到る処華僑あり」と言われるように，約3,000万人にのぼるといわれる世界各地の全華僑人口からすれば，きわめてマイナーな存在であるといえる[11]。しかし，植民地と本国という関係の中での長い歴史を経て，1997年に香港が中国へ返還され，出身地と居留国との関係が歴史的に変化をしている。こうした時期に「目立たない」といわれ，ほとんど注目されてこなかった中国系次世代のアイデンティティ形成過程について検討する意義は，これまでのマイノリティのアイデンティティ形成の研究においては指摘

されてこなかった局面を明らかにできるからである。それは西インド諸島系や南アジア系等他のマイノリティにおいてはみられない，集合的アイデンティティに連結しないような個人的アイデンティティ形成のあり方である。彼らの自己アイデンティティ形成過程は，主流社会に同化するか，異化して抵抗するかという二者択一的な考え方に対して，主流社会に受身的にみえながら，個人の日常的実践の中で支配的言説をずらしていくような可能性をもつものであると考える。これは，第二次大戦後，旧植民地からヨーロッパに流入した労働移民の多くが定住の道を選び，居留国で生まれ育つ次世代の自己形成の問題が，教育の領域に限らず，国家を超えた新たな社会的統合を考える上での重要な課題になっている現在において，貴重な資料を提供することになるのではないかと思う。

本論の構成は，以下のようになる。

第1章では，本研究の課題を述べた後，イギリスにおける中国系移民の先行研究を整理し，その研究史の流れの中に本書を位置づける。次に，研究の視点や意義を明らかにするために，理論的枠組みを示し，また中心的概念であるアイデンティティについて検討を加える。さらに本研究の基づく調査の方法や過程について記す。

第2章では，中国系移民の歴史的背景について，第二次大戦以前と以後に分け述べる。ここでは，過去においてイギリス社会で中国系移民はいかに表象され，いかなるイメージを持たれていたかについても検討する。

第3章では，中国系の子供がイギリス社会でアイデンティティを形成する際の背景について述べる。そのために，彼らが日常生活を送る主な場として正規の学校，中国語の補習校，チャイニーズ・コミュニティ・センター，家庭という四つの教育機関を取り上げる。そして，それぞれどのような教育が行われているのかを，ロンドンの場合を中心として，様々な調査結果や筆者による参与観察に基づいて包括的に記述する。

第4章では，筆者と彼ら一人ひとりとの対話から生み出された中国系第二世代31名の自己についての語りに基づいて，中国系の若者の自己アイデンティティ形成過程の特徴を，それらの語りを束ねた形で捉えることを試みる。その際，アイデンティティ形成の過程を，思春期以前，思春期，高等教育の

期間，就職後の四つの段階に分けて，それぞれの段階において，アイデンティティ形成に影響を及ぼしたと考えられる特徴的局面を取り上げて記述する。

第5章では，第3章で包括的に記述した教育環境の中を経験としてくぐり抜けた中国系の若者にとって，そうした教育の経験がアイデンティティ形成にいかに関わっているのかを，彼らの語りに基づいて検討する。彼ら個々人の内側の視点から，多文化社会における教育の果たしている役割を検討することになる。

第6章では，インタビュー対象者31名が，外部から規定された「中国人であること」とか「イギリス人であること」の意味をいかに読み替えることによって自己アイデンティティを形成しているのかを，彼ら一人ひとりの語りを通して記述する。そして，それによって，中国系第二世代の若者が，周囲の人々との日常的な関わりの中で，自他の区別をつけながら自らのアイデンティティを選び取っていく過程の多様性を示す。

終章においては，以上の考察を総括し，文化境界における人間形成について再考する。

第2節　中国系移民に関する先行研究

この節では，イギリスの中国系移民に関する先行研究をレビューし，その研究史の流れにおける本書の意義を明らかにする。

西インド諸島系や南アジア系等の他のマイノリティに比べると，中国系移民に関する先行研究は，量的にかなり少ないことが指摘できる[12]。

イギリスへの初期の中国系移民に関する調査研究としては，ウン（Ng 1968）によるロンドンの中国料理店の労働者に関する人類学的な研究がある。1960年代中頃は，香港からの単身男性のイギリスへの移住がピークの時期であり，この研究は，そうした単身男性を対象に，移住先のロンドンで同郷や同姓による組織を作って結びついていること，また出身地の香港の村とも繋がりが深いことについて述べている。またワトソンの研究（Watson 1975, 1977 a,b）は，出身地である香港の村の調査に基づいて，ウンが研究対象と

した村を離れヨーロッパに移民した単身男性が，故郷の村と強く結びついていることを指摘している。

その後，1970年代前半になると，香港から単身で働きに来ていた男性が家族をイギリスに呼び寄せるようになり，イギリスの学校に増加し始めた中国系の子供達についての研究が開始された。

中国系の子供達の直面する問題を扱った先行研究は，大きく二つのグループに分けることができる。まず第一のグループは，主に1970年代に行われたもので，彼らの直面する問題として，英語力不足，各学校に散らばっていることによる孤立や，教師による無視，家族で営む店での労働とそれによる疲れ等を指摘している研究である。その最も代表的なものが，ガービーとジャクソン (Garvey & Jackson 1975) によるものである。これは，「おとなしい」といわれている中国系の子供達が学校で直面する問題を扱った初めての研究である。このガービーとジャクソンの研究以降，ラントン (Langton 1979)，フィシェット (Fitchett 1976)，ジョーンズ (Jones 1979)，リン (Lynn 1982) の研究や，イギリスの中国系の子供に関する第二次，第三次コンフェランスの報告書 (National Children's Centre 1978, 1979) でも，同じ点が問題として指摘されている。また，シンプソンは，地方都市リーズにおける20名の中国系の子供へのインタビューや教室での参与観察に基づいて，教師の中国系の子供に対する無知を指摘している (Simpson 1987)。

第二のグループは，主に1980年代になって行われたもので，親が英語を話せないことによる世代間のコミュニケーション・ギャップ，親のもつ子供の社会的上昇に対する期待と実際の雇用状況との間のギャップ，家庭と学校の間に挟まれることによるアイデンティティの危機等を問題として指摘している研究である。これらは，内政委員会の報告書 (G.B.Parliament 1985 a) やスワンレポート (G.B.Parliament 1985 b)，テーラー (Taylor 1987) の研究等，教育政策の多元主義の流れの影響を受けた1980年代半ば以降の研究で，中国系の子供達について多面的，包括的に述べている。ここで指摘されている問題が第一の研究グループが指摘している問題から変化したのは，1980年代からのイギリス生まれの子供達の増加によるものであると考えられる。

例えば，内政委員会の第二報告では，「中国系の子供の中には，アイデンティティの危機に悩む者もいる。それは，ただイギリス社会で中国人であることに関係しているだけでなく，厳格な権威的な特徴を持った家庭と，しつけに甘く個人主義を強調する学校との間の価値や基準の葛藤にもよるものである」と述べている（G.B.Parliament 1985 a：38）。このように，1980年代の研究では，中国系の子供達をめぐって，世代間のギャップやアイデンティティの危機という二つの文化の間にいることによる「文化的葛藤」が問題として指摘されている。

また，イギリス生まれの子供の増加に伴って，母語維持のための教育に焦点を当てた研究もなされた。トウ（Tsow 1980, 1983 a, 1983 b, 1984）やウォン（Wong 1988）の研究は，中国語の補習校での教育を多面的に検討し，それが中国系の子供のニーズにどれ程合っているかという視点から，バイリンガリズムの問題を論じている。これらは，本書とは視点は違うが，彼らの教育の経験を検討する際の資料を提供してくれるものである。

さらに，主流社会の中ではあまり知られることのない中国系移民の歴史的背景や文化的な特徴を教師に紹介する案内書（Nuffield Foundation 1981）や，中国系の若者による中国系移民の歴史的背景や家族史についての小冊子（Shang 1984）も出された。また，1990年代になると，政府の広範囲の調査結果に基づいた，1980年代のイギリスとアメリカの中国系移民の教育水準と雇用機会の比較研究（Cheng 1994）や，イギリスの中国系10家族におけるミクロな調査に基づく，三世代にわたる相互的ネットワークや言語能力についての研究も出版された（Li 1994）。

日本人の研究者によるイギリスの中国系移民に関する研究としては，スワンレポートに即して中国系の子供への教育の現状を報告したもの（柿沼1991）と，イギリスのマイノリティの教育に関する包括的な研究の一部で，概略的に扱っているものがあるだけである（佐久間 1993）。さらに中国系移民に限らず，日本におけるイギリスのマイノリティの教育に関する研究全般にいえることは，比較教育学の視点から制度や政策について論じられているものがほとんどであることである。本書のようにマイノリティ自身の生の声を扱ったものは，管見の限りではない。

中国系移民の研究史において本書と最も関連の深い研究は，中国系の若者のアイデンティティ形成について論じたパーカーの研究である（Parker 1995）。これは，イギリスの中国系移民に関する研究史の中では画期的なものである。なぜなら，パーカーの研究は，それまでの先行研究にみられる，中国系の次世代を中国文化と主流社会の文化の間にいることによって世代間のギャップやアイデンティティの危機に悩む存在として語る語り口，つまり「文化的葛藤」によって二つの文化の間にいることに最初から問題があるとする言説を否定し，それに代わって「異種混淆性（hybridity）」という概念を提出し，完全にイギリス人でも中国人でもなく，両方であるようなアイデンティティの可能性を示したからである。

　本書は，パーカーの研究が示した，従来の研究が基づいてきた「文化的葛藤」によって二つの文化の間にいることに最初から問題があるとする言説への批判として，「異種混淆性」という概念を用いることには，基本的に同意する。では，パーカーの研究に欠けているものは何であろうか。そこに本書の意義があるといえるのだが，それは，彼が「異種混淆性」という概念を用いて示したアイデンティティのあり方を，「差別の経験とそれに対する抵抗」という視点からのみ説明している点である。差別をするのは「イギリス人」であり，それにいかに抵抗するか，その抵抗の仕方の違いによってアイデンティティが多様に形成され，完全にイギリス人でもなく中国人でもなく両方であるようなアイデンティティのあり方を「異種混淆性」という概念によって示している。このようなパーカーの研究は，マイノリティの自己形成を「イギリス人」との関係だけを抜き出して，「異種混淆性」という概念を用いて説明することによって，周囲の人々との日常的な相互作用の中で生きられる個人の生を見えなくしてしまっているのである。本書では，より具体的な人との様々な日常的な交渉において自己が形成される過程を，筆者が向き合った彼ら一人ひとりとの語りを通して捉えたい。例えば，親に「あなたは中国人であるからそれをしてはいけない」と言われることに反発を感じた経験とか，香港を訪れて香港の人に違和感を持ったりといった日常生活における様々な経験の中で，他者として差異化されたり，自ら差異化したり，差異化されることを打ち消したりする。そして，その過程で，外部から規定され

る「イギリス人であること」とか「中国人であること」の意味を読み替え，それを通して，自他の区分を選択していくのである。本書では，「異種混交性」という概念だけでは捉えきれない，具体的な人との日常的な交渉の中での自己形成過程を捉えたいと考える。

また，そのような自己形成の過程を捉えるために，その背景にある教育のあり方について，パーカーの研究は，正規の学校教育とそれによる雇用機会の獲得という側面しか取り上げていない。しかし，本書では，正規の学校だけではなく，家庭，中国語の補習校，チャイニーズ・コミュニティ・センター等，中国系次世代をめぐる教育の場を民族誌的手法を用いて包括的に記述をする。そうすることによって，彼らの自己形成の背景を，より包括的かつ日常的な視点から捉えたいと考える。

第3節 理論的枠組み

本研究は，異文化接触状況下での人間形成に関する教育人類学的研究や，エスニシティ論，さらにマイノリティへの教育研究に関わりを持っている。この節では，本研究をこれらの分野の研究の流れに位置づけることによって，理論的枠組みを提示する。

1．文化境界とアイデンティティ形成

本書において中国系の若者のアイデンティティ形成過程を検討することは，主流社会の文化と親の背景にある文化との境界領域での人間形成というテーマに取り組むことになる。教育人類学という人類学の一分野は，文化とパーソナリティ論以来，「文化と人間形成」を課題としてきたので，本書において「文化の境界領域での人間形成」についての理論的枠組みを考える上での基点となるといえる。

教育人類学においては，個人は，文化を内面化することによって，その社会の与えてくれる役割や機能を受け入れ自己規定するという捉え方に基づいてきた。これを示す概念が，「文化化 (enculturation)[13]」であり，教育人類学の中心的概念となってきた。ウィルバートは，文化化とは「定型的，非定

型的および準定型的な文化伝達モードをとおして，個人が，言語，技術，社会経済的，観念的，認知的，感情的な文化のパターンを習得する，生涯継続する過程である」と定義している（Willbert 1976：8，訳；江淵 1994：37-38）。また江淵は，このような文化化の機構は，文化化の代行者，文化を習得する人，伝達・習得される文化内容，シンボル・システムの四つの要素から成り立つとして，これらの複合を「文化化マトリックス」と呼んでいる。「言語，道具・技術，集団関係，信仰等のすべてが，何らかのシンボルを介して個人に内面化されることによって，個人はその文化およびその文化をもつ集団に対する帰属感，すなわち集合的アイデンティティを獲得する」と述べている（江淵 1994：41）。

　江淵は，こうした文化化の概念を適用し，文化境界での人間形成を，「二つの文化化の交差」として捉える理論的枠組みを作った。彼は，教育人類学における先行研究を整理し，さらに社会心理学，社会学，異文化間コミュニケーション論などの分野における異文化適応に関する先行研究も踏まえて，これまでの研究によって提示された異文化接触状況下での人間像の多様性を統合的に位置づけることを可能にする理論的枠組みを提出したのである。これが，二つの文化への文化的同化と異化を組合せた四つの次元からなる教育人類学的マトリックスモデルである。「異文化への一体感の度合いを一つの軸とし，自文化との一体感の度合いを他方の軸とする二次元的座標軸が創りだす，理念的には四つの象限から成るマトリックス・モデル」である（江淵 1994：111）。このモデルの評価される点は，「異文化受容＝自文化崩壊」といった図式で捉えられる「単次元モデル」を超えた点である。つまり，二次元的座標軸を設定することによって，どちらか一方ではなく，二つの文化の両方を内面化できる可能性，「相異なる二つの文化の間の言語的および非言語的コミュニケーション・コードを熟知しており，それによって二つの世界の間での意志疎通が可能な状態にあること，またそうした資質・能力を有している」（江淵 1994：103）という「バイカルチュラリズム」の可能性を示すことができた点にある。このモデルでは，自集団文化への志向の強い類型を「伝統・保持型」，その対極に主流文化への志向の強い類型として「文化変容型」，そして，二つの文化の間を揺れ動き，いずれの文化についても確かな

帰属感を持つことができず，否定的な自己イメージを形成する傾向のある類型を「境界型」，その対極に二つの文化を自分なりのやり方で統合し，心理的安定を得ているとみられる「二文化型」が設定されている。

　また，箕浦によるロサンゼルスの在留邦人子女の文化的アイデンティティ取得過程についての心理人類学的研究は，このような江淵のモデルを，より個人レベルの詳細なデータに基づいて検討しているといえる（箕浦 1984）。文化特有の意味空間として，文化の一要素である対人関係行動の文化文法に着目し，それを個人がいかに内在化しているか，その内在化過程から文化的アイデンティティの取得を論じている。ここでは，アメリカ文化と日本文化に特有の意味空間としての対人関係行動の文化文法体得の有無が，文化的アイデンティティ取得を左右するという視点を提示している。箕浦は，「他人がどう思おうと，自分が日本人だと思えるための決め手になるのが，筆者の見方では，対人関係行動の日本的な意味空間を体得しているかどうかである。意味空間を自分のものとしている場合は，人との間がうまくいくが，しっくりいかない場合は，自己の異質性にめざめ，日本人と思うことができなくなる。文化文法体得の有無が文化的アイデンティティを左右する一つの理由がここにある」と述べている（箕浦 1984：247）。

　以上，江淵と箕浦に代表される従来の視点は，文化境界における人間形成を，「文化化」概念に基づいて，既にある有機的統一体としての二つの文化の意味空間のどちらをどの程度内面化するか，また二つの意味空間の差異による葛藤をいかに統合して自己形成するのかを課題として捉えてきたといえる。このような枠組みから中国系の若者のアイデンティティ形成過程を検討すると，イギリス文化と中国文化のどちらをどの程度身につけているのか，また二つの文化的差異による葛藤をいかに統合して自己形成をするかが中心的課題となる。そして，イギリス文化をより多く身につけていたら，イギリス人としてのアイデンティティを持ち，中国文化をより多く身につけていたら，中国人としてのアイデンティティを持っているという捉え方を導くのである。しかし，中国系の若者のアイデンティティ形成過程の多様性は，このような枠組みでは説明できないものであり，また，二つの文化の差異による葛藤が，自己形成の中心的課題ではなかった。

従来の教育人類学的視点の問題点は，文化境界での人間形成を，有機的な統一体として意味を内包する文化が二つあり，その二つの文化化の交差として捉えている点にあると考える。本書では，文化境界での人間形成において，「文化」が自己の形成にとって問題となるのは，境界領域であるゆえに不平等な力関係が働き，固定的な文化概念に基づく言説が，外側から枠としてその意味を自己に押しつけてくるからであると捉える。従来の視点のように，有機的統一体として意味空間を内包する文化が二つあるからとは捉えない。言いかえれば，文化の中身が問題なのではなく，固定的な文化概念に基づく言説が，外側から枠としてその意味を押しつけてくることが，自己形成にとっての問題なのである。ここでいう固定的な文化概念に基づく言説とは，酒井（1996：41）のいう文化的種差に基づいて集団に名前，いわばラベルのようなものを貼り，名付けられた人々を枠づけしてその意味を押しつけてくるものである。「中国人であること」「イギリス人であること」は，アプリオリに設定された意味空間を内包しているのではなく，歴史的言説や政治的言説，あるいは日常的会話の中で，不平等な力関係に規定されながら意味付けされていくのである。文化境界の自己形成過程を捉えるには，これらのラベルによって自己が外側から規定されていく中で，いかにそのラベルの意味を自ら読み替えていくかを捉えるという視点が重要だと考える。

　また文化化概念は，個人が文化の内面化によって「自然に」自己規定されることを前提としている。本書では，このように個人を文化に支配され操られている存在として捉えるのではなく，周囲の人々との関わりの中で状況判断をしながら選択する行為主体として捉えたい。ここでいう「主体」とは，アルチュセールやフーコーの述べるような「他の何者か」の呼びかけに対して振り向くことによって形成されるものというよりも，より具体的な他者と自発的，創造的に交渉する能力をもつものとして捉える。つまり，個人を，外部の構造に完全に支配されず，他の人々と交渉することによって，自己の置かれた関係性を変化させる能力をもつもの，「エージェンシー」[14]として捉える。そして，「エージェンシー」としての個人が他の人々と交渉する能力によって，文化的種差に基づいたラベルによって押しつけられる意味を読み替えていく，そうした過程を，中国系の若者の語りに基づいて辿ることを

通して，彼らの自己形成の過程を捉えたいと思う。

　従来の教育人類学的視点からだと，他者と異なっていると感じるのは，同じ文化の意味空間を内在化していないからであると説明された。しかし，例えば個人は，文化的に差異がなくなっても，他者として排除されることによって，自らを異なっていると捉えたり，逆に排除されていると捉えることを自ら打ち消すという選択も可能なのである。もちろん，文化境界は，不平等な力関係に規定されていて，個人は，そうした社会的コンテキストから逃れて，自由に選択できるわけではない。しかし，不平等な力関係に規定されている状況でも個人には他の人々と交渉し選択できる可能性がある。また，個人のもつ周囲の人々と交渉し選択する力は，その人の過去の時間との繋がりの上で行われている点にも留意したい。このような個人のもつ周囲の人々と交渉し選択する力によって，不平等な力関係によって文化の違いに基づくラベルが自己に押しつける意味を読み替えることが可能になる。これは，さらには，新たな共同体を作り出す可能性にも繋がるのではないかと考える。

　こうした本書の視座をより明瞭にするために，以下，文化とアイデンティティの概念について検討を加えたい。

(1) 文化の概念

　文化境界での人間形成に関する従来の教育人類学的研究においては，文化が，有機的に一貫した全体性・連続性をもち，文化特有の意味や価値をもつものとして捉えられていた。それゆえ，複数の文化が重なる領域においては，それぞれの文化のもつ意味や価値の違いによる葛藤が問題となったのである。

　イギリスのマイノリティの教育をめぐる言説の中でも，近年，文化概念の批判的検討が必要であることが指摘されている（Donald & Rattansi 1992：1-8）。ドナルドとラタンシは，従来の文化概念の批判的検討が求められる理由を二つ指摘している。第一は，ここ20年間における学問的な研究の成果[15]が，文化を有限な自己充足的な内容と習慣と伝統を持ったものと捉えることを不可能にしたと述べている。

　第二の理由として，多文化教育や反人種差別教育への批判が，文化の定義に向けられたことを挙げている。多文化主義は，〈サリー〉とか〈サモサ〉

とか文化の表層の多様性を強調することによって，文化間に存在する力関係のヒエラルキーには言及することはできなかった。また反人種差別主義は，「人種差別」という用語を使うことによって，力の行使とそうしたコンテキストで文化が生成される複雑な関係を単純化してしまったことが指摘されている。多文化教育も反人種差別教育も，力関係の中で文化の生成される過程が無視されてしまっていることに批判が向けられているのである。これは，文化を特有の意味や価値を持った有機的に一貫した全体性をもつものとして捉えている従来の教育人類学的視点における文化概念に対する批判に重なるのである。

ここで求められるのは，文化を力関係の中で生成される過程として捉えるような視点であるが，これについては，文化人類学とカルチュラル・スタディーズの文化概念の違いについて述べている太田の指摘が示唆的である（太田 1996：128-134）。「文化がつくりだされる状況は，外部からの構造によって規定されているわけだが，そのような〈場〉を〈生きる価値がある場〉へと変換するプロセスが文化を生み出す。カルチュラル・スタディーズには，構造化された社会状況下で〈文化の生産プロセス〉についての首尾一貫した解釈が読み取れる」。そして，文化を環境や生産手段などには還元できない人間がつくりあげた意味の体系，つまり「象徴的媒介体系」として捉えてきた文化人類学は，「象徴的媒介体系」が社会的関係との交渉の結果，いかにしてそこから生まれるかを明らかにする視点を欠いていたことを指摘している。つまり，文化を意味の総体として捉える文化概念は，外部からの構造によって規定されている〈場〉を，〈生きる価値がある場〉へと変換する個人の力を無視しているといえるのである。本書では，中国系の若者の自己形成の過程に，このような個人の力を読み取りたいと思う。文化境界での自己形成は，外部から自己を規定する文化的種差に基づいた枠によって押しつけられた意味を，個人が他の人々と交渉していく過程でずらし，変換していくことによって，新たな文化を生み出していく過程として捉えられるのである。

(2) アイデンティティ概念
① 語りとしての自己アイデンティティ

本書の中心的概念は，アイデンティティであるが，これは，エスニック・アイデンティティ，文化的アイデンティティ，ナショナル・アイデンティティ，ジェンダー・アイデンティティ等，様々な使われ方をしている。本書では，自己アイデンティティの中に，これらすべてのアイデンティティが位置づけられていると捉える。原は，社会的アイデンティティが自己アイデンティティと独立して存在するかのような論じられ方に対して疑問を提示し，「民族や文化への帰属，それ自体は，わざわざアイデンティティという言葉を使って論じなくてはならないような問題とは言えないだろう。それが，〈アイデンティティの問題〉になるかどうかは，そのことを本人がどのように認知するか，すなわち自己アイデンティティにとって重要な意味をもつかどうかによる」と述べている（原 1995：5-6）。「すべてのアイデンティティは，自己の構造として位置づけられて理解されるべきなのである」（原 1995：10）。

アジア系アメリカ女性や日系アメリカ女性を事例として，エスニック・マイノリティ女性のアイデンティティ形成について論じた黒木やロウは，ジェンダーやエスニシティだけに焦点を当てた従来の分析を批判し，複数の社会的アイデンティティが交錯する場で，いかにそれらを調停して自己が形成されているかを考察する必要性を指摘している（ロウ 1996，黒木 1999）。こうした指摘は，社会的アイデンティティを自己アイデンティティから切り離さないで，自己アイデンティティを中心にすえて分析すべきだとする原の指摘に結びつく。そして，自己アイデンティティの形成を中心にすえて，その過程でいかに社会的アイデンティティが交錯しているかを検討しようとする視点は，マイノリティを集団としての「犠牲者」ではなく，「エージェンシー」として捉えることに繋がるのである。

では，自己アイデンティティとは何か。

見田は，自我や主体やアイデンティティのあるあり方が最初にあって，それを出発点として社会が組み立てられているのではなく，巨視的な「社会」のあり方と個々の「自分」のあり方は，互いに他を前提とし合う同じ一つの

システムの相関項として，産出し合い，再生産し合うサイクルを通して持続し，時にめざましく変容してきたと述べている（見田 1995：2-3）。

　このような自己と社会のダイナミズムに着目し，それを明晰に解明しようと試みたのがミードである。ミードによると，人間のセルフには二つの側面がある。一つは「主我」（I），もうひとつは「客我」（Me）である（ミード 1991）。Me は，セルフの中の社会性を代表するもので，個人にとりこまれた一般的な他者を示すのに対して，I は，Me に対する反応として能動的に働きかけていく主体性を示している。

　このミードの理論に対して，近代化というマクロな影響と個人レベルでの自己アイデンティティの新しいメカニズムの出現との関係を論じたギデンズは，I/Me の関係を，ミードのように社会的な Me に対する非社会的な I として捉えるのではなく，言語の中に内在するもの，つまり I は，主体の語りの中での言葉の網の目から意味を得て，語りによって変化するものであるという点に着目している。彼は，「自己アイデンティティは，個人の持つ一つ或いはいくつかの特性を指すのではない。自己とは，人が自分の人生を語ることによって内省的に理解しているものである。これは，時間や場所を超えて持続するが，当人が内省的に解釈することによって持続するものである」と述べている（Giddens 1991：53）。つまり，「自己アイデンティティとは，いくつか自己を語ることのできる物語の中からある一つの語りを持続できる力なのである」（Giddens 1991：54）。ホールも，「アイデンティティは，自己の中で語られたものである」と述べている（Hall 1992 a：49）。本書ではギデンズやホールに依拠して，個人の自己についての語りとして自己アイデンティティ形成過程を捉える。そして，そのような自己についての語りの中で，エスニシティや文化，ジェンダー，宗教へのアイデンティティがいかに語られているのかを検討することを通して，それらのアイデンティティと自己形成との関わりを考察する。

　② 位置取りとしての文化的アイデンティティ
　文化境界での自己形成においては，文化とアイデンティティの関係が重要となる。いかに文化によるアイデンティティが形成され，それが自己の形成

とどのように関わっているかに着目して検討したい。

その際，ホールの示した，カリブ海系の映画の表象にみられる文化とアイデンティティの関係を捉える二つの異なった視点は示唆的である。第一の視点は，一つの共有された文化によって文化的アイデンティティを定義するものである（Hall 1989：69）。共有された歴史的経験と文化的コードが「一つの集団」という意識を与え，その意識こそ真なるものであり，「カリビアン性」の本質であるという捉え方である。

イギリスの中国系移民のアイデンティティに関しては，こうした視点からの記述として以下のようなものがある。「たとえイギリス生まれの子供でさえ，中国人であるという非常に強い意識がある。中国の遺産への誇りがあり，少なくともある程度は中国文化が他のものよりも優れているという意識がある。世界中の中国系コミュニティは，何世紀にも亘る敵意にさらされても，本質的な〈中国人性〉を保持してきた。一概に〈中国系コミュニティ〉といっても，実際はその性格は多様である。同郷や同姓組織が，様々な地方出身の言葉の違う人々の間で重要な役割を果たし，コミュニティは全体として外の世界に対して統一的なアイデンティティを示している」（G.B.Parliament 1985b：654）。ここで示されている中国人としてのアイデンティティは，5,000年の歴史をもつ本質的な中国文化に結びついた固定的静的な一つのものであり，真正性の保証のようなものである。たとえイギリス社会で育っても，中国人の子供は，本質的な中国人性を保持しているのであり，もしそうでない場合があれば，それは本質的な中国文化に対する不純性（inpurity）によるものとなるのである。

第二の視点では，文化的アイデンティティは，発見されることを待っている永遠の過去を取り戻すことに基づいているのではなく，過去の語りの中に自分自身を位置づける仕方に与えられた名づけであるという捉え方である（Hall 1989：70）。つまり文化的アイデンティティは，歴史や文化の言説における自己確認（identification）の地点であり，本質ではなく，位置取り（positioning）として捉えられている（Hall 1989：71）。そしてアイデンティティは，決して完成されることはなく，アイデンティフィケーションの「過程」であり（Hall 1991），固定的永続的なものではなく，状況に応じて変化

するものである。また複数のアイデンティフィケーションが共存することも可能となる。ギデンズは，これを「部分的アイデンティフィケーション (partial identification)」と呼んでいる (Giddens 1991：46)。そして，この部分的アイデンティフィケーションの共存を，「異種混淆性 (hybridity)」という概念によって示している。例えば，ホールは，このような部分的アイデンティフィケーションの共存について，「ブラックの第三世代の若者は，彼らがカリブ海の出身であること，ブラックであること，ブリティッシュであることを知っている。彼らは，これら三つのアイデンティティから語りたいのである。どれも放棄しようとはしていないのである」と述べている (Hall 1991：59)。

　文化境界での自己形成において，ホールの示した第一の視点から文化とアイデンティティの関係を捉えると，親の背景にある固定的静的な文化によって個人のアイデンティティが本質的に規定されてしまうことになる。本書においては，自己形成過程で，文化的種差に基づいて外部から押しつけられる枠をずらしていく個人の力に着目したい。それゆえ文化的アイデンティティは自己確認の地点であり，位置取りとして捉える第二の視点が有効であると考える。

　では，個人は，どのように位置取りとしてのアイデンティティを選ぶのであろうか。その選択には，何が影響しているのであろうか。この問いに対しては，第一に，ホールが指摘している，他者の眼差しに着目したい。ホールは，「新しいアイデンティティと古いアイデンティティ」という論文の中で (Hall 1991：41-68) 以下のように述べている。古いアイデンティティには，その核に真実の自己というものがあり，それは，外部の世界に示している偽りの自己の内部に隠されているのであり，真実の自己がしなければならないと言っていることを聞くまでは，自分が「本当に言っていること」を知ることはできない (Hall 1991：42-43)。しかし，新しいアイデンティティには，真実の自己というものはなく，他者の眼差しの中で形成される，常にプロセスとして捉えられることが指摘されている。つまり，個人は，他者の眼差しによって排除されていることを意識したり，また排除されていることを自己の中で打ち消すという選択の可能性も持ちながら，他者との関係の中で，自

己の位置取りを選ぶのである。

　第二に，位置取りとしてのアイデンティティは，集団や家族，個人の歴史に結びついて形成されるという視点も重視する。イギリスにおける西インド諸島系女性のアイデンティティ形成について論じたママは，位置取りとしてのアイデンティティは，主体的であり，かつ歴史的であることを指摘している（Mama 1987）。そして，主体的な位置取りは，集団の歴史，家族の歴史，そして個人の歴史に関わるものであると述べている（Mama 1987：244）。つまり，その時点での位置取りは，様々なレベルにおける時間性を有しているのである。本書でも中国系の若者のアイデンティティ形成過程を，集団の歴史，家族の歴史，個人の歴史に結びついたものとして捉える。特に第2章においては，集団の歴史から，第6章においては，個人の歴史から検討し，教育の経験との関わりについても考察する。

2．エスニシティ論との関わり

　エスニシティ論では，バースが，民族集団の客観的弁別特性より，構成員の主観的な帰属とアイデンティティを概念の中心に据え，民族境界（エスニック・バウンダリー）に着目すべきであるという立場を提唱して以来（Barth 1969），エスニック・アイデンティティがなぜ存続するのか，その源泉となるものは何かが中心的関心とされてきた。エスニック・アイデンティティは，親族関係，血，言語，宗教，及び慣習に基づく原初的愛着の力によって存続するという原初性論者（e.g. ギアーツ 1987）と，民族集団を社会的資源を争う利益集団としてみなし，エスニシティをその付帯現象として捉える用具論者（e.g. Cohen 1974）とが理論的対極をなしてきた。

　しかしながら本書は，こうした議論に加わるものではない。本書に対して，エスニシティ論が提起してくれる問題とは，アイデンティティの個人的（individual）な次元と，集合的（collective）な次元の連結の問題である。バースは，個人の主観的なアイデンティティの意識が，エスニック集団のバウンダリーを決定すると指摘している。つまり，個人的アイデンティティが集合的アイデンティティに連結して，エスニック集団のバウンダリーが決定されると捉えている。

日系アメリカ人のエスニシティについて論じた竹沢は，個人的アイデンティティと集合的アイデンティティを結びつけるものとして，伝統が創造される過程でのシンボルの役割を指摘している。「伝統は，選択され修正され再定義されて現在の社会的脈絡に重要な意味を持つようになり，その過程から新たに創成されたシンボルは，個人的アイデンティティと集合的アイデンティティを連結させる働きをする」と述べている（竹沢 1994：22）。「第二次世界大戦中の強制収容の体験に対する補償運動の過程で，追憶の日，公聴会，他の強制立ち退きや収容体験を文化的に再現する行事におけるシンボルは，効果的に人々の記憶を喚起し，感情を高揚させ，収容体験について語ろうとする空気を醸し出し，結果的に日系アメリカ人の間に一体感と歴史の共有感を生み出す重要な役割を果たした。――それ以前は個人のアイデンティティにおける無意識の核の部分を構成していた苦しみの共有感は，この過程を経て日系アメリカ人の集合体としてのアイデンティティ・マーカーの核へと変容した」と述べている（竹沢 1994：212）。竹沢の研究は，それによって，日系アメリカ人のエスニシティが活性化したことを示している。

　イギリスの中国系移民は，イギリスの他のマイノリティに比べて，こうしたエスニシティの活性化は見られないことが特徴である。日系アメリカ人の強制収容のようなマーカーとなるような共通の歴史的体験はないし，イギリスにおける1980年代からの反人種差別運動にみられるような，集合的なアイデンティティに基づいたアイデンティティの政治は，彼らの間では顕在化していない。パーカーの研究は，バーミンガムの中国系青年プロジェクト[16]の活動を，アイデンティティの政治に結びつく動きとして捉え（Parker 1995：225-231），こうした方向に将来の可能性を示唆している。しかしながら，筆者が関わりをもった中国系の若者は，ほとんどがアイデンティティの政治には無関心であることから，バーミンガムの中国系青年プロジェクトのような活動は，例外的であると考えた方が妥当であると思う。つまり，彼らの間では，個人的アイデンティティが集合的アイデンティティに連結していないのである。

　本書では，集合的アイデンティティに連結しないような個人的アイデンティティ形成のあり方を示すことを試みる。個人が自らの選択意志に基づい

て，周囲の人々との日常的な相互作用の中で，自他の区別をつけながら自らの位置取りを決定していく過程を示していきたい。これは，主流社会に対して，集合的なアイデンティティを主張して抵抗していくような運動にみられる主体性とは異なっている。個人が周囲の人々との関わりの中で自己の場を築きながら日常を生きる過程である。つまり，主流社会に同化するか，異化して抵抗するかという二者択一的な考え方に対して，主流社会に受身的にみえながら，日常的実践の中で支配的言説をずらしていくような可能性をもつものであると考える[17]。マイノリティのアイデンティティ形成については，集合的アイデンティティは注目されるが，それに結びつかない個人的アイデンティティ形成のあり方にはあまり目を向けられてこなかった。本書はそこに着目することになる。

3．エスニック・マイノリティの教育研究との関わり

本書は，中国系第二世代の教育の経験を包括的に捉え，そのような教育の経験がいかにアイデンティティ形成に影響を及ぼしているかを，個人の語りを通して検討する。こうした視点は，多文化社会におけるマイノリティの教育に関する教育人類学的研究と関連をもち，以下その中での本書の位置づけについて述べたいと思う。

多文化社会におけるマイノリティの教育に関する組織的な教育人類学的研究は，1960年代中頃からマイノリティの子供の学業不振をめぐって行われるようになった。ギブソンはそうした先行研究を整理して，二つの立場を指摘している（Gibson 1988）。一つは，学業不振の原因を，主流社会の学校の文化とマイノリティの背景にある文化との間の「文化的不連続」や「文化的葛藤」によって説明しようとする立場である。この立場からの研究は，主に教室内における生徒と教師間のコミュニケーションスタイル，認知スタイル等における文化的差異に焦点を当てるミクロな民族誌的な研究であった（e.g. Erickson & Mohatt 1981）。第二は，社会や学校の構造上の不平等によって下層階級やマイノリティの子弟の学業不振を説明しようとする，いわゆる社会文化的再生産理論の立場である（e.g. Bourdieu 1974）。マイノリティの教育に関しては，その学業不振の原因が，以上の二つの視点，つまり文化か構

造かをめぐって議論されてきたのである。

　その後，オグブとギブソンは，これまでの研究は，マイノリティの学業不振のみを対象としてきたとして，学校での成功も説明しうる，従来の文化対構造という議論を超えるものとして，文化モデルアプローチを提唱している (Ogbu and Gibson 1991)。ここでの文化モデルとは，個々の集団がどのように自らの集団や制度を捉え，全体社会の中で自分達はどのような位置を占めていると理解しているのかという「彼ら」自身の見解であり，学校適応の違いを文化モデルの違いに求めるアプローチである。

　そして，オグブは，マイノリティを文化モデルの異なった二つのタイプ，非自発的少数民族と移民的少数民族に区別している。両者は，文化モデルの五つの主要要素——①現在の地位と将来の可能性を比較する準拠枠組み，②教育による成功への理論，③アイデンティティの意識，④望ましい行為を判断し，集団への帰属や連帯を確認するための文化的枠組み，⑤支配集団の成員や制度への信頼の程度——において異なっていると指摘している。特に第三のアイデンティティの意識の違いについて，オグブは以下のように説明している。非自発的少数民族は自らの意志に反して社会に統合され，歴史的に差別や "Job Ceiling" を被り，反抗的なアイデンティティと主流社会への不信感に特徴づけられる文化モデルを形成し，学校不適応につながる。これとは対照的に，移民的少数民族は，主流社会で自らの居場所を作るべく社会的上昇を求め信頼を得ようとする。異なっているが反抗的でないアイデンティティは，適応的な文化モデルを形成し，エスニック・アイデンティティを犠牲にすることなく主流社会でうまく適応しようとするので，学校での成功に結びつくと説明している。そしてこの文化モデルアプローチに基づいて，マイノリティの教育に関して多くの研究がなされた（e.g. Gibson 1988, Suarez-Orozco 1991, Kim 1993, Pieke 1991）。

　しかし，本書は，こうしたマイノリティの学校適応・不適応をめぐる議論の中に位置づけられるものではない。なぜなら，第一に，イギリスでは，1980年代後半からマイノリティの子供が第二，第三世代となり，トムリンソンが指摘するように，学校への適応・不適応の違いが民族的背景の差よりも，学校ごとの教師の資質や多文化教育への取り組みの違いによる「学校の

質」の違いによる方が大きくなったからである(Tomlinson 1991)。つまり，イギリスにおけるマイノリティの教育をめぐっては，民族集団別の学校適応・不適応はもはや問題として指摘できない状況なのである。第二に，マイノリティの学業成績をめぐる議論は，ラタンシが批判しているように，民族集団ごとに括って学業成績を示す統計に基づくものであり，そうした統計の背後にある民族集団ごとの差異を絶対化してしまう本質主義を受け入れてしまっているからである(Rattansi 1992：16-18)。

　以上の点から，民族集団別の学校適応・不適応を議論してきた文化モデルアプローチは有効性を失っているといえる。しかし，文化モデルを中心に据えたこのアプローチは，マイノリティの教育の問題を捉えるのに，文化モデルという内部者の視点を重視したという点では評価したい。文化モデルアプローチの欠点は，マイノリティを一つの集団として一括りにして論じているために，集団内部の多様性や個人の主体的な力を無視していることである。内部者の視点を重視しながら，集団を一括りにして内部の個人を主体としてとらえていないので，結果的には文化主義による説明に陥ってしまっている。本書では，マイノリティを一つの集団として一括りにするのではなく，その集団を形成する主体としての個人が，様々な教育の経験を通して，いかに自己アイデンティティを形成しているのかを個人の語りを通して検討する。それによって，教育を受ける側の個々人のアイデンティティ形成に関して，教育の経験がいかに作用しているのかを明らかにする。本書のこのようなアプローチが，エスニック・マイノリティの教育問題を，各集団を一括りにして論じる立場の問題点を明らかにし，集団内部の個人に焦点を当てて論じる立場の有効性を示すための一つのステップとなればと思う。

第4節　調　査　方　法

　本調査は，1989年8月～91年8月の1年間のフィールドワークと，その後1997年まで数回にわたって行った短期補充調査に基づいている。調査はロンドン北東部の近年中国系移民の多いハリンゲイ地区を中心に行った。

　1989年，調査を始めるに当たって，イギリスにおいてマイノリティの子

供達のアイデンティティ形成過程をテーマに調査をしようと考えていた筆者が，調査対象を中国系移民に絞ったきっかけは，ロンドン大学留学中の指導教官である C. ジョーンズ教授の勧めであった。筆者は，彼に他のマイノリティに比べて中国系移民についてはほとんど研究されていないので，研究してはどうかと勧められた。後で気づいたのであるが，アジアを訪れた経験のない白人の C. ジョーンズ教授にとっては，日本人と中国人は近い存在であり，日本人である筆者なら中国系移民の研究が，自分達イギリス人よりもできると考えていたようである。その後調査中，中国系の人々になぜ日本人である筆者が中国系移民の調査をするのかと度々問われた。彼らにとって，日本人である筆者は，部外者であり，彼らの中に親しい友人を幾人かもつようになった現在も，そうであることに変わりはない。

　調査は，まず，イギリスにおけるマイノリティに対する教育をめぐる政策言説の変遷，中国系移民に関する先行研究を文献資料によって掴むことから始めた。こうした資料は，日本ではほとんど手に入らないものであり，当初ロンドン大学教育学部の図書館の蔵書の多さに高揚を覚えたものである。

　次に，中国系移民の子供達は実際どのような教育を受けているのか，つまりアイデンティティ形成の背景を調べるために，ロンドンの正規の学校や中国語の補習校を訪問した。正規の学校のどの学校に中国系の子供達が多いのかについては，ロンドン大学の学校訪問のアレンジを専門にしている部門でもほとんど情報がなく，最初に訪れた中華街の近くの学校には，ほんの数人しか中国系の子供はいなかった。学校訪問のアレンジを専門にしている部門でも，中国系の子供は中華街の近くの学校に多いという間違った見解しか持っていなかった。そうした筆者に中国系コミュニティについての情報を与えてくれたのは，当時カムデン・チャイニーズ・コミュニティ・センターの中国系オフィサー（現在はウエストミンスター地区のリエゾンオフィサーである）デイヴィッド・テン氏であった。彼によって，ロンドンにおける中国系の子供が多い学校や中国系コミュニティの概要を知ることができた。

　そして，ロンドンの正規の学校の内，中国系の子供達の多い3校の中等学校を訪問し，正規の授業として行われている中国語の授業の参与観察したり，中国語の教師に話を聞いた。また，その3校の中等学校の中国系生徒40名

に予備的なインタビュー（1人約15〜20分）をした。この40名の背景は様々で，イギリスの学校における中国系の子供の背景がいかに多様であるかを示している。

　訪問した中等学校の1校では，インタビューをした中国系の子供14名全員が，ベトナムから2〜10年前に家族でイギリスに来た難民であった。両親は，全員が無職であった。他の中等学校では，18名の両親が香港出身，5名の両親が中国出身，2名がベトナム出身であった。その内，16名がイギリス生まれであった。また2名は，イギリス生まれであるが，香港の祖父母の元に送られて10歳位まで育てられた後，イギリスにいる両親の元に来ている。このような香港の祖父母の元に子供を送って10歳位まで育ててもらうという慣行は，祖父母もイギリスへ呼び寄せる傾向の強くなった現在ではあまりみられない。

　また中国語の補習校については，ハリンゲイ・チャイニーズ・コミュニティ・センターの運営する補習校を中心に，中華商会の運営する補習校，ほとんどの補習校では広東語が教えられているが，例外的に北京標準語（以下北京語と記す）が教えられている補習校等，色々な形態の補習校を訪問し，授業の参与観察をしたり，子供達や校長，教師に話を聞いた。

　さらに，ハリンゲイ・チャイニーズ・コミュニティ・センターを中心に，チャイニーズ・コミュニティ・センターの様々な活動に参加することを通して，コミュニティの人々と面識を深めることに努めた。チャイニーズ・コミュニティ・センターで行われている老人向けの昼食会，子供達のためのサマーセミナー，土曜勉強会，大人のための英語教室等の様々な活動に参加した。しかしながら，この段階では，日本人である筆者は，よそ者としてなかなか受け入れてもらえず，アイデンティティ形成過程という個人の内側に入り込むようなテーマにはなかなか近づけなかった。こうした筆者が，次第に彼らに受け入れられるようになったと感じるようになったのは，筆者の日本人であるというポジションには関係なく，10代の子供を持つ母親であるというポジションによるものではないかと思う。それによって，ハリンゲイ・チャイニーズ・コミュニティ・センターに出入りする同じ10代の子供をもつ母親達と親しくなり，その内の一軒に滞在するようになって，よそ者として

の筆者がそれなりに受け入れられるようになったのである。

　ハリンゲイ・チャイニーズ・コミュニティ・センターを通して知り合った香港出身者の家庭での滞在によって，家庭での教育のあり方を参与観察できた。また，マレーシア出身者の家庭にも滞在する機会を得，この二つの家庭の対比は，中国系移民の内部にある階級意識を筆者に気付かせてくれた。

　さて，本調査の中心は，筆者が面識をもったり，中国系の人々から紹介された，10代半ばから20代後半の中国系第二世代の若者31名に対して行った，子供時代の生活，学校生活，親との葛藤の経験，友人関係，教育の経験，文化的アイデンティティ等のライフヒストリーを描きだすインタビューである。前もって準備した質問項目以外は，できるだけ自由に語ってもらう形式のインタビューを試みた。インタビューは，英語で原則的に1人約2時間に及んだが，その内幾人かは，再度2～4回インタビューを行ったり，インタビュー以外でも付き合いを持ったり，インタビュー終了後，その家族と食事をしたりした。それゆえ，それぞれの対象者と筆者との関係の質には差がある。なお，本書においては，インタビュー対象者は，プライバシー保護のため仮名を用いる（参照：参考資料209頁）。

　対象者の年齢は，20代を中心とした。なぜなら10代半ばでは，まだ自己について語るには若すぎることが予備調査でわかったからである。調査時の年齢は，15～19歳が6名，20～24歳が15名，25～30歳が10名である。これは，インタビューの対象者が，1979年で政権についたサッチャーから1990年にそれを受け継いだメージャーと続く保守党政権の元で学校教育を受けた世代であることを示している。つまり，彼らは，イギリス文化とマイノリティの文化の差異の絶対視に基づく「新人種主義」が教育政策の言説を形成していた時期に学校教育を受けている。

　対象者の内，2名が幼少の時にイギリスに来ている以外は，全員がイギリスで生まれ育った若者に絞った。調査時にロンドンかその近郊に住んでいる者という以外は，対象者の選択に条件をつけなかった。居住地は，ロンドンの中華街に住んでいる者はいなく，ロンドン全体に散らばっている。

　31名の若者の内，男性が13名，女性が18名（その内2名が既婚），宗教については5名がクリスチャンで，他は特別な宗教はない。5名が大学生，

1名が大学院生，4名が高校生，それ以外は，事務弁護士，コンピューター技師，グラフィックデザイナー，セラピスト，薬剤師，銀行員，小学校や幼稚園の教員等の様々な分野の仕事をしている。また大学や大学院を卒業後求職中の者もいる。

　対象者31名の両親については，12名が，両親共香港の出身者である。2名が両親共マレーシア出身，4名が父親が香港出身で母親が中国出身，6名が父親が中国出身で母親が香港出身，3名が父親が香港出身で母親がマレーシア出身，2名が父親が香港出身で母親がシンガポール出身，2名が父親が中国出身で母親は台湾出身である。両親の移民の時期は，全員が1960年代後半から1973年までである。1971年の移民法によって移民の規制が厳しくなった時期の前後に移民してきている。

　また父親の職業は，2名の父親が地方自治体の公務員である以外は，中国料理店やテークアウェイ・ショップを自営しているか，コックやウェイターとして雇われているかであり，飲食業に携わっている。対象者の母親の方は，家で裁縫の内職をしたり，チャイニーズ・コミュニティ・センターで働いていたり，店を自営している場合は父親と共に働いている。また，親が店を自営している場合は，その子供達は，例外なく放課後や週末に店を手伝っていて，その手伝いにかなりの時間を割かれている。対象者の半数は，かつて親の店を手伝った経験があり，現在も，自分の仕事をしながら，また学校に通いながら親の店を手伝っている者もいる。このような親の店の手伝いは，中国系の若者の日常生活の大きな特徴となっている。

　以上のような属性をもつ本書のインタビュー対象者は，数としては極めて限られているといえる。アイデンティティの多様性を，変数を設定して，それとの相関関係から体系的に分析するには，量的な調査が必要であるが，それは，本書の意図するところではない。本書では，定量的分析では扱うことのできない，しかしアイデンティティを理解するためには必ず必要である，個人の内側からの視点，エミック（emic）な視点を重視し，アイデンティティを固定的なものではなく，過程として捉えるために，定性的アプローチを用いる。

　特に，ここでは，彼ら一人ひとりの語りの中に彼らのリアリティを捉える

ことを試みる。「中国系」として一つに括られることによって，顔の見えなかった一人ひとりの語りを重視し，彼ら一人ひとりが私に語ったこと，そこで語られた「真実」(truth)ではないかもしれないが，彼らが語るという行為における「現実」(reality)に焦点を当てて，それを私が語ることを中心に記述を試みる。

こうした個人の語りを重視したアプローチは，人類学の流れの中では，ライフヒストリー法として以前から試みられてきたものである[18]。谷は，プラマーの指摘（プラマー 1991）に基づいてライフヒストリー法の特性を三つにまとめている（谷 1996：11）。①時間的パースペクティブを内蔵しているので，対象を過程として把握することが可能であること，②全体関連的な対象把握を志向すること，③主観的現実に深く入り込み，内側からの意味把握が可能であること。これらの特性によって，本書においてアイデンティティ形成過程を検討するのにも，ライフヒストリー法が適しているのである。

しかし，この方法もいくつかの難題を抱えているのであり，最も重要なのが，ライフヒストリーで提示された生が，読み手―書き手―語り手を取り囲むある種の不平等な関係性の中で，検閲，自己規制，編集されたものとなる可能性である（松田 1995：195）[19]。松田は，それを乗り越えるためには，「彼ら」の生を観察・記述する人類学者としての，「われわれ」の生の自己意識化が求められると述べている（松田 1995：197）。ロザルドも，人類学者は，科学的客観性をもった完全な観察者ではなく，「彼ら」も「われわれ」も位置づけられた主体（positioned subjects）であるという視点の重要性を指摘している（Rosald 1989：7）。

本書でも，中国系の若者によって語られた「現実」が，彼ら一人ひとりと私との間の相互作用によって生まれたリアリティであり，その「現実」には私のポジションが反映されていることには留意している。よそ者である日本人の研究者に対してだから，また10代の子供をもつ母親の筆者に対してだから，話せること，話せないことがあるのであり，そうした筆者のポジションが，彼らの語りに関わっていることは明らかである。

しかしながら，本書の記述は，ここで提示されている問題，つまり調査者と被調査者との区切りをいかに乗り越えるかという問題への取り組みに対し

第1章　視点と方法　　33

ては，正直言って不十分であると思う。「彼らのライフヒストリーを聞くことが，彼らにとって何のためになるのか」という思いは，調査中，常に筆者の頭の中にあり，論文を書くために彼らの語りを切り取り，都合良く編集しただけではないかという思いは今でも拭い去れない。しかし，現時点で筆者に語られた彼らの声も伝えないことは，最悪の選択であり，今後も長年に亘って彼らと付き合っていく過程における一時点の記録として，本書をまとめるに至った。

　また本書と関連する調査として，1991年度トヨタ財団研究助成を受けて，1992年4月と9月に，近年香港から流出した移民の最大の受け入れ国であるカナダのトロントにおいて，中国系の子供への学校教育や民族教育の実態把握を中心に調査を行った。第3章において，イギリスの中国系移民に対してどのような教育がなされているかを捉える際，カナダの状況と部分的に比較する視点を導入する。また，この調査は，在英中国系移民を，香港からの移民の流出という，より広い歴史的な展開の中で捉えるためのものでもあった。

注

1）本書で用いる「文化境界」とは，特に人間形成過程において，二つ（もしくはそれ以上）の文化をめぐる言説が交錯している状況を示す。
2）表1参照。
3）表2参照。
4）たとえばサッチャー政権の教育政策の総仕上げとも言われている1988年教育改革法は，ナショナルカリキュラムの導入，学校運営に関わる地方教育当局の権限の縮小，キリスト教による集団礼拝及び宗教教育の徹底，内ロンドン教育当局の廃止等を定めている。小口は，これはサッチャー政権がめざした競争原理及び市場のメカニズムを教育に導入するものであり，人種問題は脇に追いやられていると指摘している（小口 1990）。
5）ラタンシは，こうした人種差別主義がどれほど「新しい」のかについては，議論の余地があると述べている（ラタンシ 1996：52）。ギルボーンは，1960年代のパウエルの人種差別的な演説との類似性を指摘している（Gillborn 1995：24-5）。
6）平成6，7年度科研総合研究(A)『外国人子女教育に関する総合的比較研究』平成6年度中間報告書（研究代表者　江淵一公，平成7年3月）において，望田研吾「イギリス労働党の多文化教育政策」40-43頁は，多文化教育に積極的な労働党の見解につ

いて，また小口功「イギリスにおける多文化教育に対する逆風」44-49頁は，新右翼による多文化教育批判についてそれぞれ述べている。ここには，イギリスのマイノリティの教育をめぐる政治的に対立する立場が示されている。

7) このような主張の代表的担い手がラタンシである (Rattansi 1992: 11-48)。ギルボーンは，ラタンシがニュー・レフトの批判を教育の分野に適用したと指摘している (Gillborn 1995: 78-82)。

8)「文化的差異」は，未知の文化になじみのない者が，了解不能なものとして実践的に出会う非共約性であるのに対して，「文化的種差」は，認識上における連続的な一般性における特殊性の差である（酒井 1996: 41）。

9) ここにおける「主体」とは，教育の受け身的な対象者ではなく，教育を含む自己の置かれた状況と交渉でき，また自ら語ることのできる個人をさす。後述する「エージェンシー」という概念と同じ意味で使用している。

10) 1991 Census: Report of Great Britain, Part I, Volume 1 of 3, Table 6, Office of Population Censuses & Surveys, 1993, p.134 によると，中国系人口は 15万 6,938人，その内イギリス生まれの人口は 4万 4,635人である。

11)「華僑」をいかに定義するかによって，その人口も差が大きい。当該居留国の国籍を取得した者は，もはや仮住まい（「僑」は仮住まいの意味）のいわゆる僑民ではないので，華人と呼び替えることが妥当であるとする立場（例えば，載 1991: 20）もある。ここでは華人も含めた意味で華僑という語を使っている。以下，本書では，華人を含めた華僑の意で中国系移民という用語を使う。また，文脈によって，中国系移民を示す「Chinese」という用語を「中国人」と訳して用いている箇所もある。

12) 筆者が中国系移民の調査を開始した 1989年の時点においては，中国系の子供に関して本としてまとめられたものは，テーラーの研究 (Taylor 1987) だけであった。

13)「文化化」とは端的にいえば，「人生を通して意味の体系を習得し，内面化する過程」であるといえる。また「文化化」によく似た用語に「社会化」(socialization) がある。両者が研究者の間でいかに区別されて用いられてきたかは，江淵によって整理されている（江淵 1994: 36-37）。社会化に代わって文化化の方が，一般化した用語になりつつあることが指摘されている。

14)「エージェンシー」という概念は，構造の優位性に対して，人間が世界に働きかける行為の自発性，変革性，創造性の側面を指すために用いられるようになった概念である（田辺 1999: 65）。しかし，これは，構造から完全に自由である，自由主義的，主意主義的な個人の主体性を強調するものではないし，またアルチュセールやフーコーによって指摘されているような主体 (subject) の確立を，権力構造に対する従属を伴うものとして捉えるものでもない。エージェンシーという概念は，他とのコミュニケーション能力を強調し，個人が具体的な人との繋がりの中で他と交渉しながら行為をなしていくなかで，他との関係性をいかに構築し，変容させていくのかという点に光を当てている点に特徴がある。そして，このようなエージェンシーという概念は，構造から完全に自由でもないし，完全に支配されているのでもないものとして個を捉え，その個が他と交渉するなかで，その行為の戦略性や自発性や創造性によっ

て自己の置かれた関係性を組み替えて新たな共同性を生み出す力を捉えることができるのである（田辺 1999：65）。
15) 例えばソシュールの意味論，アルチュセールやポストマルクス主義のイデオロギー論や，主体性やアイデンティティについてラカンの精神分析，レイモンド・ウイリアムやスチュアート・ホールと結びついたイギリスのカルチュラル・スタディーズ，あるいはフェミニズムやフーコーの言説と権力論等を挙げている（Donald and Rattansi 1992：1）。
16) 1992年に創設されたこの組織は，中国系であることによって差別されている現在の状況を改善するために，就職相談や中国語や中国文化の講座の開設等様々な活動を組織し，後には政治的な動きに結びつけていこうとしている（Birmingham Chinese Youth Project, 1993-94, 1994-95, 1995-96 Annual Report)。
17) 小田は，「変更したり操作したりするための外的視点に立って行われる変更や創造は，規則は安定したままであるが，模倣や反復的受容のように，規則に従いながらその従い方において規則をずらし，多様な別のものへと変えていってしまうことは，規則の不安定性やその規則による支配の無根拠性を露にする」と述べている（小田 1997：199）。
18) その代表としては，オスカー・ルイスによる『五つの家族』（ルイス 1970）や『サンチェスの子供たち』（ルイス 1969）があげられる。松田は，「オスカー・ルイスは，普通のメキシコ人の普通の日常生活を背景に，自分の言葉で自分の生活を語らせ，ライフヒストリーを一個の文学作品として提示した」と述べている（松田 1995：193）。また，人類学におけるライフヒストリー研究を整理したラングネスとフランクは，「ライフヒストリーを利用して，人類学者らは，自分たちとは異なる人々が経験しているリアリティを直接に伝えている」と述べている（ラングネス&フランク 1993：1）。
19) こうした問題は，民族誌的現在を用いて「彼ら」について語る民族誌が，科学的客観性に基づいて民族誌的言説を正当化してきたことに対する反省（Rosald 1989, Clifford & Marcus 1986, マーカスとフィッシャー 1989）と結びつくものである。

表1 民族集団別の人口構成

民族集団	人口(千人)	全人口に対する割合(%)	マイノリティ全体に対する割合(%)
全人口	54,889	100.0	
白人	51,874	94.5	
マイノリティ人口	3,015	5.5	100.0
ブラック	891	1.6	29.5
西インド諸島系	500	0.9	16.6
アフリカ系	212	0.4	7.0
その他	178	0.3	5.9
インド系	840	1.5	27.9
パキスタン系	477	0.9	15.8
バングラディッシュ系	163	0.3	5.4
中国系	157	0.3	5.2
その他のアジア系	198	0.4	6.6
その他	290	0.5	9.6

(出典) *1991 Census, Ethnic Group and Country of Birth,* Great Britain, OPCS, p.2, Table 3.

表2 中国系の年齢別人口(千人)とイギリス生まれの割合(%)

全年齢	0～4歳	5～15歳	16～29歳	30～44歳	45～64歳	65歳以上
157	11	26	47	46	22	5
28.5(%)	91.9(%)	77.5(%)	25.6(%)	3.8(%)	3.5(%)	5.2(%)

(出典) *1991 Census, Ethnic Group and Country of Birth,* Great Britain, OPCS, p.4, Table 4.

第 2 章

中国系移民の歴史的背景

　本章では，イギリスの中国系移民の歴史的背景について，第二次大戦以前と以後に分けて述べる。しかし，これは単に歴史的な「背景」ではない。中国系コミュニティをめぐって形成されてきた過去のステレオタイプは，現在において中国系第二世代の若者を差異化するイメージを与え，彼らのアイデンティティ形成に関連しているのである。

第 1 節　第二次大戦以前の中国系コミュニティ[1]

　大量の中国人が海外に移住するようになったのは，近代になってからである（游 1990：31）。中国の東南沿岸地域における商業化や人口爆発，封建的な地主制度のもとでの苛酷な搾取，外国資本主義の侵入等が，農民の没落をもたらし，多くの過剰労働力を生み出した。彼らは，仕事を求めて都市に移動したが，都市では彼らを吸収できるだけの工業は発達していなく，海外に移住するようになった（游 1990：31-32）[2]。イギリスへの中国人の移住も，こうした近代になってからの中国人の海外移住の流れの一つと考えられる。
　初期にイギリスへ移住してきた中国人は，中国の南部（特に広東，福建両地域）から，また後には香港の新界からやってきた農夫出身の船員であった。その背景には，1773 年に，インドの英政府が，中国とのアヘン取引において東インド会社の独占を認めたことが関連している。中国側は，広東だけを開港し，インドで生産されたアヘンを銀と交換した。1834 年には広東での東インド会社の独占が終わり，イギリスと中国との間でのアヘンやコカインの取引の競争が増したことによって，安く手軽に雇える労働力が必要になり，

中国人が定期的に雇われるようになった (Jones 1979 : 397)。また，全面開港を拒否し続けてきた中国は，アヘン戦争 (1839~1842) で敗けたことによって開国を余儀なくされ，中国人の海外移住を公認することになった（游 1990：33-4）。イギリスは，この戦争と，第二次アヘン戦争の勝利によって，香港島と九龍半島北部，昂船洲島や新界を手に入れた。

　19世紀の終わりごろには，ロンドン，リバプール，カーディフ等に小規模ではあるがドックの近くに中国人によるコミュニティができた。船員の上陸したときのために寄宿舎が設置され，食料雑貨店や中国料理店，中国人が気兼ねなく立ち寄れる集会所等もできた。ロンドンの場合，1851年には中国大陸南部出身者が78人住んでいたといわれる。それ以降，ロンドンに住む中国人は次第に増えて，1880年頃にはライムハウス周辺に中国人のコミュニティが本格的に形成されるようになり，1911年には中国人人口は1,319人になった (Ng 1968 : 6)。同年のリバプールの中国人人口は，502人（内半数は非定住船員）であった (Broady 1955 : 67)。

　中国人船員の多くは白人女性と結婚していたが，だからといってイギリス社会に同化していたわけではなかった。彼らとイギリス人船員との間は緊張関係にあり，中国人への敵意は強く，しばしば暴動も起きていた。その一つが，1911年にカーディフで起きた船員ストライキ事件である。当時イギリス商船で働く外国人総数は29,028人で，中国人船員はその内の1,136人を占めるにすぎなかったが，中国人はイギリス人の攻撃の的になった。

　第一次世界大戦後になると，船によるアヘンの取引も衰退し，移民への制限政策[3]が施行されたり，新聞や大衆文化において，外国人への敵意が強まったりしたことが結びついて，中国人コミュニティは拡大しなかった (Parker 1995 : 56)。加えて，大恐慌期の海運業の不振の影響で，1920~30年代には，多くの中国人が帰国し，中国人人口はあまり増加しなかったのである（表3参照）。

　第一次世界大戦後になると，中国人の多くは，洗濯業に従事するようになる。洗濯業は，重労働であるが，少ない資金で開業できたので急速に発展した。1920年代には，東ロンドンには約30軒の中国人による洗濯店が開店し，リー（Lee）氏が独占していた。1921年におけるロンドンの中国人の職業は，

表3 イングランドとウェールズ及びロンドンにおける中国系移民の人口（1851-1931）

年	イングランドとウェールズの人口（人）	ロンドンの人口（人）
1851	78	78
1861	147	78
1871	202	94
1881	665	109
1891	582	302
1901	387	120
1911	1,319	247
1921	2,419	711
1931	1,934	1,194
1941	―	―
1951	1,763（マレーシア生まれ：4,046人　香港生まれ：3,459人）	1,350（香港生まれ：586人）
1961	―	2,784（香港生まれ：2,856人）

（出典）Ng, K.C., *The Chinese in London,* Oxford University Press, 1968, p.6, Table 2, Table 3.
（注）中国系移民の人口とは，特に記載のない場合は，中国生まれの人口をさす。

船員が23％に減少し，洗濯業に携わる者が27％に増加している（Ng 1968：12）。およそ10年位で全国の小さな町にまで，500軒以上の中国人による洗濯店が広がった（Jones 1979）。しかし，洗濯業の機械化とセルフサービスの洗濯店の普及によって，その後は廃れてしまった。

　1920年代は，また，イギリスやヨーロッパで第二次大戦後増大する中国料理店の土台が築かれた時期であった。初期のほとんどの中国人コミュニティには，そこに住む中国人が集まって食事をするための中国料理店があったが，すぐにイギリス人にも客層を広げるようになった。たとえば，チョン（Chong）氏は，1920年代半ばに初めて西ロンドンに移住し，中国料理店を開き成功して，この親族集団は今でも業界を支配している。

　第二次大戦以前の中国人をめぐる表象について，パーカーは，中国びいきと中国嫌いとの極端な二つの形態を指摘し，この二つが大衆文化に沈殿していると述べている（Parker 1995：57）。どちらの表象の形態も，中国や中国に関連するものから距離をおいていることが共通していて，嫌ったり恐れたりするか，あるいは遠ざかって称賛や尊敬をするか，どちらかであったこと

が指摘されている。

　例えば，初期の中国系コミュニティは，汚く，アヘンを常用し，白人女性と結婚をし，犯罪の巣であるというような言説によって表象されていた。アヘンを常用する中国人船員の様子は，ディケンズの小説にもうかがえるが（Jones 1979：398），こうした表象によって，中国人はイギリス人とは全く違う部外者として構成されたのである（Parker 1995：59）。またこうした表象の中の言葉，例えば，「暗黒街としての中華街」とか，「きちんとした白人はめったに近寄らない場所」，「不道徳な場所」などは，現在においても残っている（Parker 1995：59）。他方で，中国人はやさしく，紳士的であり，儒教的伝統を保持している者というような，正反対の表象の形態もみられ，これは，中国の芸術や工芸が，イギリス人の収集家の間では非常に人気が高かったことにも関連している（Parker 1995：60）。また，20世紀初めは，まだ実際の中国系コミュニティの人口はあまり多くなかったにもかかわらず，中国人についての多くの表象には，西欧が抱く中国に対する潜在的な脅威と，根深い恐れが根底にあったことも，パーカーによって指摘されている（Parker 1995：60）。そして，そうした中国に抱く脅威や恐れは，白人帰還兵の流入による労働市場における競争の激化という物理的な状況と相俟って，移民の制限政策（1919 Aliens Act, 1920 Aliens Order）にも影響を与えたのである。

第2節　第二次大戦以後の中国系コミュニティの変化

　第二次大戦中から戦後になると，経済不況によっても衰退していた中国系コミュニティに，多くの中国人が流入した。表4は，戦後の中国人の人口増加を示している。戦前は，中国大陸南部の出身者が多かったが，戦後になるとイギリスの植民地であった香港の出身者が最も多く，次いでマレーシア，シンガポールの出身者が多い（表5参照）。香港出身者とシンガポールやマレーシア出身者とは，同じ中国系というカテゴリーで括られているが，その違いは大きい。前者は，主流は香港の新界の田舎出身の農夫で，ほとんどが中国料理に関わる飲食業に従事し，定住する者が多い。それとは対照的に，後者は，留学生や，医者や看護婦のような専門職に携わる者が主流で，イギ

表4 戦後のイギリスにおける中国系人口

年	中　国	香　港	シンガポール	マレーシア	合　計
1951	8,636（人）	3,459（人）	3,255（人）	4,046（人）	19,396（人）
1961	9,192	10,222	9,820	9,516	38,750
1971	13,495	29,520	27,335	25,680	96,030
1981	17,569	58,917	32,447	45,430	154,363

（出典）Parker, D., 1995, *Through Different Eyes : The Cultural Identities of Young Chinese People in Britain,* Avebury, 1995, p.63, Table 4.3.

表5 イギリスにおける中国系移民の出身国（1991年）

出　身　国	人　口（人）	割　合（人）
イギリス	44,635	28.44
香　港	53,473	34.07
マレーシア／シンガポール	20,001	12.75
中国（台湾）	20,141	12.83
ベトナム	9,448	6.02
その他の地域	9,240	11.91
合　計	156,938	100.00

（出典）Cheng, Y., *'The Chinese : upwardly mobile', Ethnicity in the 1991 Census,* vol. 2, Peach (ed.) OPCS, p.162, Table 7.3.

リスに定住するのではなく帰国する者が多い。両者には，いわば階級の違いがあるといえ，本書では，香港出身者の家庭とマレーシア出身者の家庭における参与観察を通して，ミクロな視点からそうした中国系内部にある階級意識について触れたいと思う。イギリスの中国系移民に関する先行研究は，ほとんどが香港出身者に関するものであり，シンガポールやマレーシア出身者についてはあまり言及されていない。

　さて，戦後の中国系人口増加の原因としては，大きく二つが考えられる。一つは，押し要因として，1949年に中国が共産党に引き渡されたことによって，多くの中国人が共産圏を逃れて中国との境界にある香港の新界に逃げたことによる新界の人口増加が引き金となったと考えられる。

　香港の新界では，大陸から逃れてきた新来者の流入によって人口が3倍以上になり，耕す土地が不足するようになり，新来者に土地を貸すものが現れ

表6　イギリスでの就労のために香港の新界の住人に発行された旅券数

1952～53(年)	15 (人)	1959～60(年)	927 (人)
1953～54	118	1960～61	1,275
1954～55	96	1961～62	2,270
1955～56	235	1962～63	1,138
1956～57	?	1963～64	775
1957～58	?	1964～65	591
1958～59	839		

(出典) Watson, J.L., *Emigration and the Chinese Lineage : The Mans in Hong Kong and London,* University of California Press, 1975, p.74, Table 6.

てきた。新来者は，小規模な土地を借りて，商品作物としての野菜や家畜を育てたのであるが，これによって1940年代までは新界の農業の主流であった米作は衰退していった。主な農業生産が米から野菜に変化したことに加え，農作物を自分たちの食べるためだけではなく，香港の都市部の消費用や現金収入を得るための手段として生産するようになった。このような新しい農業によって，新界の伝統的農業には大きな変化がもたらされ，この時期は「農業革命」と呼ばれている。しかし，新界に以前から住んでいた土着の人は，そうした新しい農業に適応できず，新しい土地を開拓する技術も意欲もなく，逃げてきた新来者に土地を貸してその借地料で生活するようになったのである。豊かな村は，町の市場に近い良い位置に土地を持っていたので，借地料によってより豊かになった。しかし，遠くの貧しい村は，農業では食べていけなくなり，街へ出て仕事を探さなくてはいけなくなった。しかし彼らのほとんどは特別な技術があるわけでもなく，小学校程度の教育しか受けていなかったし，1960年代は経済不況で職を得るのは難しく，外国へ機会を求めたのである。もっとも初期に移民したのは，これら貧しい村の出身者であったが，後になって豊かな村の者も続いた。そして移民した夫の仕送りによって，残された家族の生活水準や住居などは，目に見えて向上したことによって，1970年代半ばまでには，ほとんどの村に移民フィーバーが起こった[4]（表6参照）。

　戦後共産圏を逃れた新来者が流入する前の新界地区は，広東語を話す「本地」と，遅れて新界に移住してきたため地味の悪い山岳地帯に定住せざるを

えなかった客家語を話す「客家」という二つのサブカテゴリーによって構成されていた。しかし，新界地区の人類学的調査を行った瀬川は，新来の移民の流入によって，ただ単に「本地」や「客家」といったのでは，新しく来た者か長く住み続けている者なのか区別がつかなくなり，土着の者が独自のアイデンティティを示すために，新界土着の本地を「囲頭人」，新界に長く住みつづけてきた客家を「本地客家」という語を用いて示すようになったと述べている（瀬川 1993：51）。海外へ移民をしたのは，土着の「囲頭人」や「本地客家」である。それゆえ，イギリスにおける香港出身者の主流は広東語を話し，客家語を話す者もいる。

イギリスへの移民の増加を招いたもう一つの要因は，引き要因として，戦後イギリスには植民地や英連邦諸国からの移民の制限がほとんどなく，1948年のイギリス国籍法のもと，香港市民はイギリスへの入国と居住の権利を持っていたことが指摘できる。またイギリスは戦後景気がよく，イギリス人がよりよい食生活を求めるのとマッチして中国料理がブームになり，その需要が高まったことも引き要因として挙げられる。1960年代をピークに主に香港の新界から多くのほとんどが単身の男性が，親族や香港の知り合い等のつてを頼ってイギリスに渡ってきて，飲食業に携わった。中国料理ブームは，ロンドンに始まり，イギリスのほとんどの小さな街にまで広がった。イギリスのどんな小さな町にも，中国料理店は必ず一軒はあるといってよい。1945年から1970年の間に，イギリスにおける中国料理店は，約100店から1,000店に増加した（Watson 1975：73）。

同じ頃，経済の建直しのための安価な労働力として，英連邦諸国から流入した他の移民は，都市に集中して住み，本国の労働者と職を争うこともあった。しかし，中国系移民は，ほとんどが飲食業に集中し，同業者同士は営業上離れる必要性から，全国に散らばっている点で，他の移民と異なっている（表7参照）。また，パーカーは，戦後の中国人の存在は，中国料理と結びついて表象されてきたことを指摘している（Parker 1995：66）。大多数のイギリス人にとっては，中国人と接するのは，中国料理店の客としてだけであり，中国人のイメージは，中国料理と結びついている。イギリス人による中国料理の記述は，中国人との文化的差異についてのステレオタイプ的な概念を強

表7　民族集団別の全国分布の割合　　　　　　　　　　　　　　（単位：％）

地　域	中国系	インド	パキスタン	バングラディシュ	カリブ系	アフリカ	白人
England & Wales	93.3	98.8	95.6	99.3	99.8	98.7	90.5
England	90.3	98.0	94.4	97.0	99.1	97.4	85.1
North	3.2	0.9	2.0	2.2	0.2	0.7	5.8
Yorkshire & Humberside	5.2	4.8	19.9	5.1	4.3	2.3	8.9
East Midland	4.8	11.8	3.7	2.6	4.9	1.6	7.3
East Anglia	2.4	0.8	1.2	1.0	1.0	1.1	3.8
South East	53.1	52.9	29.9	63.6	66.3	83.5	29.9
Greater London	36.1	41.3	18.4	52.7	58.2	77.1	10.3
Inner London	18.1	8.8	6.1	43.6	35.6	51.3	3.6
Outer London	18.0	32.5	12.3	9.0	22.6	25.7	6.7
その他のSouth East	17.2	11.6	11.5	11.0	8.1	6.4	19.6
South West	4.3	1.3	0.8	1.4	2.5	1.3	8.8
West Midlands	6.1	18.9	20.7	11.9	15.6	2.5	9.1
North West	11.1	6.6	16.2	9.1	4.3	4.4	11.6
Greater Manchester	5.3	3.5	10.4	7.0	3.4	2.5	4.5
Merseyside	3.6	0.3	0.2	0.4	0.4	1.4	2.7
その他	2.2	2.8	5.6	1.7	0.5	0.6	4.4
Wales	3.1	0.8	1.2	2.3	0.7	1.3	5.4
Scotland	6.7	1.2	4.4	0.7	0.2	1.3	9.5
All Metropolitan areas	64.6	75.6	77.5	84.0	86.3	88.7	42.0
All non-Metropolitan areas	35.4	24.4	22.5	16.0	13.7	11.3	58.0

（出典）*Population Trends 72 Summer 1993,* Table 3 : 1991 Census ; Ethnic Minorities Group, Regional proportions.

化し，東洋は神秘的で異なっているという神話を保持させるのである。またこうした中国料理に結びついたステレオタイプは，中国文化について人々が語るときのイメージや言葉を供給しているともいえる。

　1960年代半ばぐらいまでは，中国系移民のほとんどは男性だけで，妻や子供を伴っている人はほんの数人にすぎなかった。彼らは，同族組織のつてを頼って外国へ出て寄宿舎のようなところに住んで，稼いだお金を故郷の家族に仕送りをして，少しでも早く成功をおさめ，自分も退職後に故郷に戻ることを望んでいた。ほとんどが平均20年ぐらいで故郷に戻っていたようである。それゆえ彼らは，イギリス社会にあまり同化することもなく，長く住

表8 1970年代の香港からの移民数

イギリスへ来た年	イギリスで住民権を得た人数と割合（%）						
	男		女		子 供		合 計
1973	161人	(10)	617人	(40)	783人	(50)	1,561
1974	434	(22)	686	(34)	880	(44)	1,990
1976	51	(04)	315	(23)	1,000	(73)	1,366
1977	34	(04)	186	(20)	729	(77)	949

(出典) Commission For Racial Equality (CRE), 1978, *Ethnic Minorities in Britain : Statistical Background,* London : CRE. pp.24-25, Table 25 (a).
Wong, L. Y., 1988, *Education of Chinese Children in Britain ; A Comparative Study with the United States of America,* P.H.D. Thesis, University of London, p.55, Table 1.
(注) 1974年の合計は，正確には2,000人である。

んでいても英語もほとんど話せなく，中国料理店は，さながらイギリス社会に浮かぶ中国文化の孤島のようであった。

ワトソンは，1969年から1970年の16ヵ月に及ぶ新界の新田（San Tin）村での調査によって，この村出身の移民が，故郷の村と強く結びついていることを示している（Watson 1977）。この村は，働ける男性の85～90％が，イギリスかまたはオランダ，西ドイツ，ベルギーなどに移民していて，その送金で経済が成り立っている村である。またこの村のすべての男性が共通の文（マン）という名字をもち，14世紀にこの地域に住んでいた共通の祖先の直系の出自をたどることができる。この村からの移民は，ほとんど宗族の結びつきを利用して外国に職をみつけ，同じ宗族の者のいるレストランで働き，もちろん移民に際しての様々な手続きは，宗族の一員が面倒をみてくれる。ワトソンは，移住によって，文宗族は絆を強め，それぞれのメンバーは，移住前より宗族組織に頼るようになったと述べている（Watson 1974, 1975）。また彼らの心はいつも退職後の故郷にあり，彼らの送るお金は，新田村では快適な生活ができるのに十分過ぎるものであったので，退職後を夢見て，2階建の家の建設ブームになった。また彼らは，外国にいながら故郷の村での自分たちの存在を確認するために，故郷に残っている人たちのために新年宴会を開いたりして，多額のお金を故郷に投資することを厭わなかった。ワトソンは，移民がその故郷に近代的な変化をもたらすという通説を否

定して，定期的な仕送りは，逆に村人に伝統的価値の保持を可能にさせ，故郷に帰ってきた者も新しい変化の要因になるのではなく，伝統的価値を強化する役割を果たしていると結論づけている (Watson 1977：350)。

しかしながら，このような移民のパターンは，子供や妻，後には老人も故郷から呼び寄せるようになる1970年代になって，大きく変化する。その背景として，一つには，1960年代後半から，より安く手軽な中国料理の持ち帰り店（テークアウェイ・ショップ）が現われて，人を雇わなくても家族だけでやっていった方が良く，家族の労働力が必要になったこと，二つには，1960年代から次第に移民の制限が厳しくなり，遅くなりすぎない内に家族を呼び寄せようとしたことである。1962年の移民制限法では，保証人がいないと入国できない保証人制度を導入したが，これは宗族の結びつきの強い彼らには，それ程の痛手にはならなかった。しかし，1968年移民法では，子供には必ず母親が伴わなくてはいけないことが定められた。また1971年移民法は，英連邦諸国出身者の妻や子供から，イギリスにいる夫や父親の元に行く権利を奪った。そうした背景から，1963年から1973年の10年間をピークに，多くの妻や子供が移民してきた[5]（表8参照）。本書のインタビュー対象者の若者31名の親は，皆この時期に移民してきている。

このように1970年代以降家族でイギリスに住むようになった中国系移民は，以前のようには香港に帰りたいとは思わなくなっている。つまり彼らはワトソンの調査した当時のような「滞在者」としてではなく，「定住者」となる方向に変化してきている。世界の華僑の趨勢は，いずれは故郷に帰る「落葉帰根」から，現地に根をはって生きる「落地生根」に変わってきているのであるが，イギリスにおいても同じことが指摘できる。このような定住化の傾向は，戦後旧植民地からヨーロッパ各国に流入した労働移民についても指摘できる。

また，1975年以降においては，ベトナム難民の流入が，中国系人口を増加させた。南北ベトナム統一後の中国とベトナムの関係悪化や，1978年の統一ベトナムの社会主義化宣言による民間企業の廃止等によって，多くの難民が発生したのである。そのうち香港経由でイギリスへ流入した者は約16,000人で，その内7割が中国系である。彼らは，それまでの中国系移民

第2章　中国系移民の歴史的背景　　　　　　　　　　　47

とは全く異なるカテゴリーを形成することになる。筆者が訪問したロンドンにある中等学校の内の1校は，全校生徒の4分の1が，こうしたベトナム難民の子供達であった。彼らの親は，職を得られず，全員が生活保護を受けていた。

　また，イギリスの中国系移民は，1997年の香港返還をめぐる動きにも影響を受けてきた。1990年の国籍法によって香港からの移民の数は5万家族に制限された[6]。1990年代以降返還後の変化に対する不安から海外へ流出した30万人といわれる香港の人々の多くは，移住先として，宗主国イギリスではなく，カナダやオーストラリアやアメリカを選んでいる。イギリスにやってきたのは，約6,000人に過ぎない[7]。

　このような香港返還前の香港人の受け入れについては，イギリスにおいても議論されてきた。例えば，1995年9月に閣僚の1人であったパッテン氏が，BBCのラジオ放送で，300万人以上の香港の住民にイギリスに住むことのできる権利を与えるべきであるという発言をした。それに対しては，1995年9月25，26日付けのイギリスの主要な新聞は，一斉にこの発言を取り上げ，そこに実現性のないことを批判した[8]。このような議論は，それまで目立たない存在としての中国系移民が，香港返還をめぐってイギリス社会において注目を集めていることを示している。こうした香港返還をめぐる状況を，イギリスで生まれ育った中国系第二世代はいかに捉えているのであろうか。本書では，若者へのインタビューにおいて，このような香港返還をめぐる状況についての見解も質問した。そして，こうした質問を通して，出身地と居留国との関係の変化が，居留国における若い世代のアイデンティティにいかに関わっているのかを検討した。

　また，近年の中国系をめぐる表象は，中国系の子供がG.C.S.E.[9]で最も成績の良いことを示した記事[10]や，中国系の子供達の成功は，中国の伝統を受け継ぎ，イギリスの若者文化に毒されていないからであるという記事[11]にみられるように，中国系の子供の学習面での成功を取り上げたものが目立つ。初期の中国系移民をめぐる表象にみられた，道徳心がなく，犯罪の巣であるといったような否定的なイメージは，ほとんどみうけられない。しかし中国系の子供の成功を強調する記事は，その成功の理由を中国の伝統に求め

ることによって，主流社会の子供達との本質的な文化の差異を強調する結果を生み出している面も指摘できる。中国系を一つのカテゴリーに括り，部外者として位置づけるという点においては，以前の否定的なイメージを伴った表象と共通しているといえる。

注

1) 歴史的背景についての記述は，主に，Taylor 1987：30-48 と Jones 1979：55-61 の両文献をベースにしている。
2) 引き要因としては，東南アジアにおいては，帝国主義列強が，既存の政治経済体制を温存するために，開発に必要な労働力を中国人やインド人に求めたこと，また，新大陸においても，奴隷制度廃止によって，それに代わる労働力が必要であったことが指摘できる（游 1990：32）。
3) 1911年に始まり，1914年には戦時立法の形で外国人制限法が制定される。1919年には1914年法が改正されて，平時にまで制限が拡大された。
4) 表6「イギリスでの就労の為に香港の新界の住人に発行された旅券数」から，1960年代初期に香港の新界から多くの移民が流出したことがわかる。
5) 表8「1970年代の香港からの移民数」は，1970年代は，妻や子供の移住が多かった時期であることを示している。
6) British Nationality (Hong Kong) Act 1990, Chapter 34, Section 1. (1)による。
7) The Times 1995, 9/26 の記事による。
8) The Times 1995, 9/26, Financial Times 1995, 9/26, The Guardian 1995, 9/25, 9/26, Daily Mail 1995, 9/26 の新聞がパッテン氏の発言を取り上げ批判している。
9) G.C.S.E. とは，the General Certificate of Secondary Education の略であり，1988年夏から全国で実施されている公的試験である。これは，G.C.E. (the General Certificate of Education) の Ordinary (O) Level と C.S.E. (the Certificate of Secondary Education) にとって代わったものである。G.C.S.E. は通常5年のセカンダリーエデュケーションの後に受験する。AからGまでのグレードがあり，グレードAからCまでは高等教育を受ける資格がある（Great Britain, Central Office of Information, Education in Britain 1988：170）。
10) Daily Mail 1994, 6/18 や The Independent 1994, 6/17 の記事。
11) The Times, 1993, 7/23 の記事。

第3章

アイデンティティ形成の背景
—— ロンドンにおける四つの教育機関 ——

　本章では，中国系の子供達がイギリス社会でアイデンティティを形成する際の背景について述べる。そのために，彼らの日常生活を送る主な場として正規の学校，中国語の補習校，チャイニーズ・コミュニティ・センター，家庭という四つの教育機関を取り上げる。そしてそれぞれどのような教育が行われているのかを，ロンドンの場合を中心として包括的に記述する。

　イギリスにおける中国系移民は，中国系人口の約3分の1（36.1％）に当たる57,000人がグレイター・ロンドンに住んでいる（表7参照）。

　ロンドンにおける第二次大戦前の中国系コミュニティは，ペニーフィールド（Pennyfield）やライムハウス・コーズウェイ（Limehouse Causeway）の辺りの東ロンドンにできていた。しかし，爆撃により崩され，その後の再開発と戦後の中国料理ブームによる飲食業の発展に伴い，戦後の中国系コミュニティは，ウエストエンドのソーホー地区にあるジェラード・ストリート（Gerrard street），リッスル・ストリート（Lisle street），ワーダー・ストリート（Wardour street），グレートニューポート・ストリート（Great Newport street）周辺に移動した。パーカーは，ほとんどのイギリスの都市にある中華街は，ここ15年間の間に，少数のエリートである中国人実業家の出現によって発展し，文化的差異を新たに表出するようになったと述べている（Parker 1995：77）。前章で述べたように，戦前の中国系コミュニティは，暗黒街とか犯罪の巣といった否定的なイメージを持たれてきたが，戦後は対照的に，中華街が発展することによる成功によって文化的差異が強調されている。ロンドンの中華街のあるソーホー地区は，中心的な繁華街であるピカデリー地区と繋がり，一大商業地区となっている。ジェラード・ストリート

の両端には赤いエキゾチックな中国門が建てられ，周辺には中国料理店やファーストフードの店やエスニックフードの店等が立ち並び，終日賑わいをみせている。ロンドンを一周する観光バスもソーホー地区を通り，外国人観光客も引き付けている。このような戦後の中華街の発展には，ウエストミンスター地区の行政府も関わり，資金援助もしている。つまり，今日の中華街の発展には，観光客を増加させ地域を発展させるために，文化的差異の強調できる中華街を利用しようとする地方行政の戦略も絡んでいるのであり，少数の中国人実業家とも提携し，今日の発展がもたらされたのである。中華街の一大イベントであるロンドンの中華街中国系アソシエーションの主催するチャイニーズ・ニューイヤー・フェスティバルには，ウエストミンスター地区の市長も出席している。

　しかしながら，ロンドンの中国系移民は，一応ソーホー地区に中華街があるものの，例えばサンフランシスコやニューヨークのように中華街に集中して住んでいるわけではなく，散らばって住んでいるのが特徴である。ほとんどの中国系移民にとって，中華街は，週末に買物に行ったり，職場であったりするだけで，居住地区ではない。20年ぐらい前はロンドン中心部に近いウエストミンスター地区，ケンジントン地区，カムデン地区に中国人は多かったが，近年は，ハリンゲイ（Haringey）やハックニー（Hackney）やイスリントン（Islington）など中心部から北東部に居住地が広がっている。1980年代後半にこれらの地域にチャイニーズ・コミュニティ・センターが設立されたことが，この地域の中国系人口の増加を示している。筆者が主に調査をしたハリンゲイ地区は，中華街のあるソーホー地区から地下鉄で30分程離れていて，近隣に住む数人の中国系の人から成るインフォーマルなネットワークは形成されているが，中華街とは違って，外からは中国系の人が住んでいることはわからない。本章では，エスニック・コミュニティをもたない中国系次世代のアイデンティティ形成にとって重要であると考えられる場として，正規の学校，中国語の補習校，チャイニーズ・コミュニティ・センター，家庭という四つの教育機関に着目し，そこでの教育について包括的に記述することを通して，彼らのアイデンティティ形成の背景を捉えることを試みる。

第1節　正規の学校

　ロンドンの公立学校は，第二次大戦後の移民の流入によって，文化的背景の異なる子供を多く抱え，白人がマイノリティとなっている学校さえある。
　1989年の内ロンドン教育当局の言語統計によると，内ロンドンの公立学校の3歳から17歳の生徒の25％（70,221人）は，家庭で英語以外の言語を使っている（ILEA 1989）。また，この統計によると，内ロンドンの全公立学校の内87校（8％）では，家庭で英語以外の言語を使っている子供の方が多く，15校ではその割合が90％以上である。またこの言語統計では，全部で184種類の言語が確認され，そのうちで，一つの言語について500人以上の子供が話している言語は14種類になる。ベンガル語を話す子供が最も多く，2番目に多いのがトルコ語を話す子供達で，中国語を話す子供達は3番目である（表9参照）。

表9　ILEAの主な言語集団の生徒数（1981～1989）

言　　語	1981 (人)(％)	1983	1985	1987	1989
ベンガル	5,337(12.0)	9,098(18.1)	12,627(22.3)	16,976(26.1)	20,113(28.6)
トルコ	4,418(9.8)	4,316(8.6)	4,383(7.7)	4,494(6.9)	4,625(6.6)
中国	2,237(5.0)	2,825(5.6)	3,546(6.3)	4,325(6.7)	4,242(6.0)
グジャラティー	3,377(7.5)	3,632(7.2)	3,831(6.8)	3,930(6.6)	3,904(5.6)
ウルドゥー	2,778(6.2)	3,326(6.6)	3,642(6.4)	3,808(5.9)	3,821(5.4)
アラビア	1,968(4.4)	2,345(4.7)	2,706(4.8)	3,067(4.7)	3,427(4.9)
スペイン	3,436(7.6)	3,466(6.9)	3,210(5.7)	3,229(5.0)	3,095(4.4)
パンジャビー	2,879(6.4)	3,022(6.0)	3,015(5.3)	3,200(4.9)	3,062(4.4)
ヨルバ	757(1.7)	863(1.7)	1,120(2.0)	2,031(3.1)	2,941(4.2)
フランス	2,808(6.3)	2,167(4.3)	2,030(3.6)	2,357(3.6)	2,342(3.3)
ギリシャ	3,859(8.6)	3,410(6.8)	3,033(5.4)	2,596(4.0)	2,241(3.2)
ポルトガル	1,858(4.1)	1,861(3.7)	1,821(3.2)	1,951(3.0)	1,939(2.8)
イタリア	2,808(6.3)	2,421(4.8)	2,102(3.7)	1,889(2.9)	1,619(2.3)
ベトナム	157(0.3)	371(0.7)	774(1.4)	1,028(1.6)	1,573(2.2)
その他	6,208(13.8)	7,230(14.4)	8,767(15.5)	10,105(15.5)	11,277(16.1)

（出典）ILEA Research & Statistics, *1989 Language Census*, p.11, table 4.4.

ベンガル語を話す子供達の過半数がタワーハムレットに集中していて、ここにはほとんどの生徒が家庭でベンガル語を話すような学校もある。それとは対照的に、中国系の子供達は散らばっているのが特徴で、最も彼らの集中している学校でも1校に30～40人位しかいない。中国系人口の約3分の1を抱えるロンドンにおいてもこういう状況なので、全国にくまなく散らばっている彼らは、地方では1校に中国系の子供が自分の兄弟か従兄しかいないのが普通で、それ故目立たない存在なのである。

本節では、正規の学校における中国系の子供達への教育について、1．マイノリティの教育をめぐる政治的言説の変遷、2．英語力と第二言語としての英語教育、3．母語教育、4．成績と社会的上昇という四つの側面から記述する。

1．エスニック・マイノリティの教育をめぐる政治的言説の変遷[1]

中国系の子供が正規の学校で受ける教育の底流には、マイノリティに対する教育をめぐる政治的言説の変遷があるといえる。ここでは、文献からそれを捉えようと思う。

戦後、移民の子供に対する教育の在り方に関心が向けられ、それに関する政策が施されるようになったのは、彼らが急激に増加した1960年代である。中央政府からの積極的な政策のないまま、この時期の政策論争は、第二言語としての英語教育とマイノリティの子供の分散に集中した。これは、マイノリティの子供達のイギリス社会への同化を前提とした政策である（成宮 1985：35）。特に分散政策は議論を巻き起こしたが、1960年代初頭の最も重要な政策文書とされる1964年の英連邦移民助言委員会の第二報告では、分散政策が一貫した政策の一つとして提示された。また、1965年の教育科学省の通達65・7号及び同年の白書では、マイノリティの子供を3分の1以下に抑えることが公的に勧告された。しかし、このような勧告に対して地方教育当局は、実際はバスで子供を他地域の学校に分散させることが経済的に不可能な場合もあって、あまり積極的な態度を示さず、結局、分散政策は成功しなかった（成宮 1985：36-37）[2]。

1960年代後半になると、イーノック・パウエルの人種差別的演説や制限の

第3章　アイデンティティ形成の背景　　53

厳しい移民法（1968年，1971年）が出されたが，同時に多元主義的統合へのきざしも現われたといわれている（成宮1985：38）。マイノリティの子供のニーズと問題を明らかにし，彼らに何が援助できるかを知る目的で，1967年には青少年事業開発評議会（Youth Service Development Council）から『移民と青少年事業』（Immigrants and the Youth Service）と題するいわゆるハント報告が出された。この時期は，白人とマイノリティが相互に理解し合いながら，マイノリティの子供のイギリスへの定着を促進するという意味での統合主義の時期と捉えられている（小口1993：59）。しかし，同化主義においても統合主義においても，政治的言説は，マイノリティ・コミュニティの特質を受け入れてはいるが，「カラーブラインド」（皮膚の色の違いに盲目）というレトリックの背後で，現存する構造と実践を守り続けようとするものであったとギルボーンは指摘している（Gillborn 1995：30）。

　また，この頃のマイノリティをめぐる教育実践で主に問題となったのは，特に西インド諸島系の子供の低学力の問題である。彼らの多くは，学力が低いために知能障害児のための特別学校に入れられた[3]。1981年には，西インド諸島系の子供のニーズへの早期のしかも特別な注意を払うために，『学校における西インド諸島系の子供』と題するランプトン報告[4]が出された。ガンダーラは，教育科学省はこのレポートに関して実際には実行しなかったと述べている（Gundara 1986：13）。またラタンシは，このランプトン報告は，マイノリティ集団間に絶対的な差異が存在することを前提とした本質主義に基づくものであると批判している（Rattansi 1992：16）。なぜなら，ここでは，六つの地方教育当局でのサンプルが，「アジア系」「西インド諸島系」「その他」（実質的に白人のイギリス人生徒を意味する）に分けられ，「アジア系」と「その他」はOレベルとC.S.E.レベルでよくできるが，「西インド諸島系」はできないという単純化した結果を提出しているからである。一つに括られたカテゴリー内部での社会階級やジェンダーの複雑な違いは，全く無視されていることが指摘されている。

　1970年代に入ると，今までの中央政府の政策の消極性が批判され，マイノリティのための政策作りと資金援助をするように圧力がかかるようになった。そのような背景から，中央政府は，1977年にマイノリティの教育に関

する公式な政策発表を，教育科学省から『緑書』[5]として発表した。これは，文化多元主義的な社会モデルを反映した政策であり，多人種・多文化社会に向けてのカリキュラム改革の必要性を説いたものであった。ギルボーンは，1970年代後半からの公的なレトリックは，文化的多元主義であると指摘し，この時期には文化の違いや機会均等への配慮がみられたと述べている（Gillborn 1995：31）。しかし同年，中央政府は，環境省から『内都市の政策』と題する白書[6]を出し，マイノリティの子供達の問題を，教育上不利益な立場にある子供の問題一般の中に包摂する方針を公式文書として提出した。ここには，マイノリティの教育に対する中央政府の政策の一貫性の無さがみられるのである（成宮：1985 43-44）。

中央政府が，このような矛盾する政策をとる一方で，1980年代は，内ロンドンをはじめとするマイノリティ人口を多く抱えるいくつかの地方教育当局においては，教育政策において人種やエスニシティが注目された時期であり，母語教育等の多文化教育が実践された。しかし，こうした変化の多くは，表面的なものに過ぎなかった（Gillborn 1995：31）。

1985年には，前述のランプトン報告の最終報告として『皆のための教育』と題するスワンレポート（G.B.Parliament 1985 b）が出された。800ページに及ぶこの報告書は，多文化主義をめざした多文化教育の拠点となる文書であるという評価を獲得している（松井 1994：210）。ここでは，中国系の子供達についても，1章を使って包括的に説明されている。しかし注意すべきことは，このレポートは，労働党の要請による特別委員会の返答であって，中央政府の施策の一部ではないことである。また，このレポートは，過去にどうであったかを述べることによって，今後のスタートになることを期待されたにもかかわらず，結局そこから何もスタートしなかったとも言われている。こうした評価は，その後の政府の多文化教育に対する消極性を反映している。ガンダーラも，この時期までの国家の教育政策は，なんら評価すべきものはなかったと述べている（Gundara 1986：15）。またラタンシは，このレポートもランプトン報告にみられた本質主義を受け継ぎ，それを克服することはできなかったと指摘している（Rattansi 1992：18）。

さらに反人種差別教育の必要性を主張する立場も生まれた。これは，多文

化教育では「人種」の問題を「文化」の問題にすり替えてしまっていることを批判して，問題の根源は人種差別にあり，これを除去することに努めることの必要性を主張するものであった。

しかし，人種差別を前面に押し出して強調するこの反人種差別教育に対しては，一部の新教育右翼（New Education Right）や大衆新聞などから攻撃や反対キャンペーンが出てきて（小口 1990：228-232, 1996：44-49），政治的議論の対象となった。サッチャー政権は，反人種差別教育を特定の政治的党派と結びついた危険なイデオロギーとみなしたが（松井 1994：267），こうした姿勢は右翼からの支持を受けた。これに対して労働党は，多文化教育や反人種差別教育を支持する立場をとり（望田 1996：40-43），マイノリティをめぐる教育の問題は，政治的な対立を反映するものとなった。また，政府が多文化教育や反人種差別教育の実施に消極的であったため，地方教育当局がその実施の指導的役割を果たすことになった（小口 1990：227）。

1988年にはサッチャー政権の教育政策の総仕上げともいわれる教育改革法が成立した。これは，教育政策の新しい局面の始まりを印すものであるといわれ（Gillborn 1995：31），その後の教育界に大きな影響力を与えた。人種差別の視点からこの教育改革法の意義を分析した小口は，ナショナル・カリキュラムの導入を定めることによって，中央の指導権を強める方向に動いていること，また，マイノリティの教育に熱心な地方教育当局の権限が縮小され，内ロンドン教育当局（ILEA）が廃止されたことなどを指摘している。そしてこの改革は，サッチャー政権がめざした競争原理および市場のメカニズムを教育に導入するものであり，人種問題は脇に追いやられているとして同法を批判している（小口 1990：225-238）。トムリンソンとクラフトも，1988年の教育改革法以降の政府の教育政策には，民族間関係や多文化主義は積極的に反映されてはいないと指摘している（Tomlinson and Craft 1995：3）。

そして，この教育改革法以降，序論で述べたように，1993年の教育法を含む近年の教育政策の言説は，人種に代わって文化や伝統という言葉を用いて脱人種化していることが指摘されている（Gillborn 1995：17）。ギルボーンは，脱人種化によって，本質的な文化の差異が強調され，イギリス国家の

統一の脅威としてマイノリティを部外者として位置づけるという「新人種主義」が受け継がれ，それが近年の政府の教育政策や教育実践に反映されていることを指摘している (Gillborn 1995：17-40)。「西インド諸島系」とか「アジア系」という用語は，民族的背景を示すだけではなく，生まれつき備わっている差異を人種として示しているのであり，そのような人種は，どこで生まれ育とうとも，決して「イギリス人」としての資質は身につけることができないものとして使用されているのである (Gillborn 1995：24-25)。

このような「新人種主義」は，パウエルの時代の人種差別に通じるものである。また，労働党の推進してきた多文化教育や反人種差別教育も，「新人種主義」に対する批判の力にはならなかった。本書のインタビュー対象者は，こうした新人種主義が学校教育の支配的言説である時期に学校教育を受けたのである。

2．英語力と第二言語としての英語教育

ここでは，中国系の子供達の言語能力，特に英語力の問題について検討する。

三世代58人から成る中国系10家族の綿密な参与観察に基づいて，言語能力や社会的ネットワークの世代別の比較を行ったリーの研究は，中国系第二世代の言語能力を知る上で有益である (Li 1994)。サンプルとなった10家族58人の内の子世代27人は，皆イギリス生まれで，平均年齢は16.9歳である。独自の質問項目を設けて，英語と中国語（1人が客家語，他はすべて広東語）の読み書き能力と会話能力を5段階（上が5で下が1）に分けて調べている[7]。その結果によると，27人の第二世代の子供達の英語の読み書き能力と会話能力は，全員が両者共5段階中最も能力の高いレベル5である (Li 1994：108-109)。他方，中国語の能力については個人差があり，読み書き能力は，27人中4人が2であり，1人だけが4であるが，その他は1である。中国語の会話能力は，9人が4，11人が3，7人が2である。ここから，第二世代は，英語能力の方が中国語能力より上で，第一言語になっていることがわかる。特に，中国語の読み書き能力は低いことがわかる。

これが親の世代になると，中国語の能力の方が英語の能力を上回り，中国

語の能力が5か4であるが，英語の能力は2か3である。祖父母の世代になると，11人中9人は，英語の能力が全くない。リーの研究は，中国系第二世代は，中国語と英語の両方を使い分け，親や祖父母とは中国語を使うが，友達とは英語しか使わない者が多いことを示している（Li 1994：115）。

家庭で使用されている言語については，中国語の補習校についての初めての大規模な調査を行ったトウの研究に示されている（Tsow 1984）。サンプルとなった195人の香港出身の親の内，72人はイギリスに来て9年以内で，123人は10年以上である。このサンプルの9割以上が家庭ではとんど広東語を話し，家庭ではとんど英語を話すのは9％である（Tsow 1984：16-17）。筆者による中等学校の生徒40名への予備的インタビューでは，親がシンガポール出身の子供が家庭ではすべて英語を話し，親が香港出身の2名が親と客家語を，親が中国出身の5名が親と北京語を話す以外は，親とは広東語で兄弟とは英語，あるいは英語と広東語で話すと答えている。また家庭でいかに英語と中国語を使い分けているかという点や親の英語力は，親の出身地によっても違いがある。それについては，香港出身者の家庭とマレーシア出身者の家庭における参与観察に基づいて，よりミクロな視点から後節で述べたい。

以上から一般的に親の世代は，多少英語力があっても家庭では中国語しか使わないことがわかる。それゆえ第二世代の子供は，幼稚園に行く前は英語にほとんど触れたことがない子供が多い。ロンドンには広東語を教授語とする小さな幼稚園が1校だけあるものの[8]，大多数の子供は英語がわからなくても英語を教授語とする一般の幼稚園に通うことになる。兄や姉のいる子供は，多少彼らやその友達を通じて英語に触れる機会を持っている者もいる。しかし，全く英語に触れることなく育って，英語を教授語とする幼稚園に入っても，インタビューの対象となった若者31名は，1名以外，英語の習得に困難を感じた経験があったと語る者はいなかった。英語の習得に1年位かかったと述べた1名以外は，皆難なく英語を習得し，英語の方が第一言語になっている。以下の語りは，英語の方が第一言語となっていることを示している。

「私は，自分が流暢に中国語を話せると思うけれども，中国語で表現することが難しいと思うことがあります。英語で表現する方がずっと楽なのです。」

筆者がここで英語力の問題をあえて取り上げているのは，10歳以降にイギリスに来た子供達にとっては，英語力不足はなかなか克服できない問題であり，単なる言語の問題としてではなく，主流社会における自らの位置取りの選択とも結びついているからである[9]。10歳以降でイギリスに来ている者は，最初英語力がないことによって，本人にとって非常につらい時期を過ごすことになる。バーミンガム中国系青年プロジェクトのオーガナイザーをしている26歳の男性は，13年前に13歳で家族で香港から来たが，当時のイギリスでの学校生活は，自分にとって「悪夢であった」と語った。英語がわからないのに学校に通うという経験は，思春期である10代の者に，自らの他者性を否応なく感じさせることになる。この男性は，現在でも非常に強い中国人（香港人）としてのアイデンティティを持っているが，10歳以降にイギリスに来て，英語の習得に困難を経験した者は，その後ずっとイギリスに住んでいても自らの他者性を意識することになる。

このように10歳以降にイギリスにやってきた者の中には，色々な背景を持った者がいる。例えば，近年香港や，中国本土から，あるいはベトナム難民として親と一緒にイギリスへやって来た子供，親はイギリスにいて子供だけ香港の祖父母のもとで育てられて，また10歳を過ぎてからイギリスに送られてきた子供や，父親だけ先に移住し，数年経って落ち着いてから1970年代に母親と共に10代でイギリスに来た者等である。香港の祖父母に育てられるという慣行は，1970年代前半までは普通であった（Jones 1980, Fitchett 1976, Garvey and Jackson 1975）。ワトソンの調査によると，1960年代後半から1970年代前半にかけての時期は，ヨーロッパで生まれた文宗族の子供のうち3分の2は，香港に送られて祖父母によって育てられている（Watson 1975：201）。しかし1970年代以降このような慣行は減少し始め，現在では少なくなっている。

例えば，現在ハリンゲイ・コミュニティ・センターのスタッフとして働く

34歳のF氏の場合は，先にイギリスへ移住していた父親の元へ，香港から12歳でやって来た。最初イギリスに来た時は英語は全くわからず苦労したが，週に3回の読みに力を入れた特別な英語教育を2年間受けるうちにだんだん慣れたと語った。彼の場合は，英語力不足を克服した事例である。現在では英語力には問題はないが，第一言語は客家語であり，自らを中国人として位置付けている。また，10歳以降にイギリスに来て，英語力不足が克服できなく，結局学校を退学してしまった例も報告されている（Wong 1988：93)[10]。

では，ロンドンの学校において，第二言語としての英語教育はどのように行われているのであろうか。筆者の訪問した中等学校における中国系の子供達に対する第二言語としての英語教育は，一つの学校では，正規に中国語教師として雇われた台湾出身の中国人が，昼休みや放課後のほんの短い時間を利用して，英語の補助の必要な数人の中国系の子供達を集めて教えていた。また，もう1校では，正規の授業中に，英語の補助が必要な子供たち数人に，さらに1名別なイギリス人の教師がついて指導をしていた。ここに垣間見られるように，イギリスにおける第二言語としての英語教育は，システムとして統一しているとはいえないことが指摘できる[11]。10代でイギリスに来た子供達は，教育によって英語力を身につけることが保証されていないのである。他方，イギリスで生まれ育った子供には，たとえ家庭では中国語しか話されていなくても，英語力による壁はなく，英語力不足によって自らの他者性を認識することはないといえる。

3．母語教育

中国系の子供達の大半は，イギリス生まれになっている。それゆえ彼らにとっては，英語力不足よりもむしろ母語[12]の維持の方が困難である。イギリスにおいて，正規のカリキュラムの中で母語教育が行われるようになったのは，1980年代前半である。母語教育の発展の触媒になったのは，その重要性を提唱した1975年のバロックレポート[13]と1977年のEEC指令である（G.B.Parliament 1985b：401）。バロックレポートは「どんな子供も学校に入ったからといって，家庭の言語や文化を捨てることは望ましくない。学校

は生徒のバイリンガリズムに肯定的態度を示すべきであり，いつでも出来る限り彼らの母語を維持し，発展させるのを援助すべきである」と述べている（G.B.Parliament 1985 b：401）。

しかし，例えば内ロンドンの公立学校の統計を例にとると，前述したように，4人に1人は家庭で英語以外の言語を話す。またこの子供達の母語は184種類にもなるし，内ロンドンの学校では，1校においても40種類以上もの言語が話されているのが平均的である（ILEA 1989）。このような状況において，彼ら一人ひとりのニーズにあった母語教育を正規のカリキュラムの中で行うのは非常に困難な状況である。

正規のカリキュラム内での母語教育については，中国語の教育を含めてほとんど資料がない。中国語教育については，唯一ライトの研究が，バークシャー州にある統合学校において報告している（Wright 1985）。11～18歳まで1,600人の子供が通うこの学校では，1978年以来，校長が中国語（北京語）を正規のカリキュラムの中に導入することに熱心であったため，中国語教育を行っている。1985年では，14歳から16歳までの40人が中国語を3年生からの選択科目として学習している。中国系の子供は，その内3人である。また，ホーは，1991年にこの学校の追跡調査を行っている（Ho 1991）。中国語を選択している者は，全員で58人であるが，その内中国系の子供は2人だけであると述べている（Ho 1991：92）。つまり，この学校の中国語教育は，中国系の子供に対する母語教育としてではなく，主に中国系以外の子供を対象に外国語として中国語教育を行っていることがわかる。

正規のカリキュラムの中で行われている中国語教育については，他には報告がなく，こうした学校は，非常に少ない。1986年の内ロンドン教育当局による言語教育の概要によると，内ロンドンの公立学校のなかで，中国語が正規のカリキュラムのなかで教えられているのは，初等学校では9校，中等学校では10校である（ILEA 1986：17）。筆者は，その内の3校の中等学校での中国語の授業を参与観察した。

一般的に中等学校のレベルでは，コミュニティ言語（フランス語，スペイン語，ドイツ語，ベンガル語やウルドゥー語やグジャラティー語やパンジャビー語などの南アジア語，中国語等）は，2年生からの選択であるが，1年

第3章　アイデンティティ形成の背景　　　　　61

生から取り入れている学校もある。筆者の訪問した中等学校の内の1校では，1年生ではフランス語かスペイン語のどちらかを選択して，2年生以降は週2時間はフランス語かスペイン語で，もう2時間をそれ以外のコミュニティ言語から一つを選択するというシステムを採用していた。訪問した3校の内2校の教師は，台湾出身で北京語を教え，1校の教師は香港出身で広東語を教えていた。

　訪問校の1校における北京語の授業は，会話の学習が中心で，1クラス2～10人位の2年生の生徒が参加していたが，中国系の子供達とそれ以外の子供がほとんど半数ずつで構成されていた。彼らは同学年であるが中国語のレベルには差があり，レベル別に2，3のグループに分けられているクラスもあった。しかし中国系の子供だからといって，必ずしもそれ以外の子供よりレベルが高いというわけではない。なぜなら広東語を話すほとんどの中国系の子供は，北京語による会話は初心者だからである。

　また訪問校の中国系の子供の内，半数以上が，正規のカリキュラム内の中国語の授業を選択していなかったことも興味深い。ウォンの調査でも，216人のサンプルとなった中国系の子供の内，たとえ学校で中国語を学ぶことが出来ても，約3分の1の子供がフランス語を選択していることが示されている（Wong 1988：168）。

　教授語については，筆者の参与観察をした中等学校での中国語の授業は，全部英語であった。教材は特別な教科書はなく，各々の先生がプリントなどを使っていた。英語で書かれた中国の歴史をみんなで読むという，中国文化を紹介するような授業もあった。

　しかし，筆者が3年半後，前回訪問した中等学校の1校を再訪すると[14]，以前は台湾出身の教師が中国系とそうでない子供の両方に北京語を教えていたのに，3年後には香港出身の教師が，イギリス生まれの中国系の子供だけ15人に広東語を教えていた。つまり，どの教師を採用するかによって，中国語の授業の内容は変化するのである。ここにみられるように，正規の学校における中国語教育は，中国語が外国語として教えられたり，中国系の子供に対して母語として教えられたりして，体系化されてはいないのである。

　また，財源不足による教師の不足のために，学校は母語教育に力を入れる

ことができないという側面も指摘できる。地方教育当局が母語教育をするのに必要な教師を雇用するための財源を得られるのは，1966年の地方局法（Local Government Act）のセクション11からだけである。イギリスでは一般的に海外で取得した教師資格は認められないので，公立学校で中国語を教えている教師はほとんどが資格がなく，インストラクターという身分のみで採用されている。そしてコミュニティ言語を教えるためにインストラクターとして採用された教師は，教えながらイギリスで認められている専門の資格を身につけるために訓練することが求められる[15]。

さらに，中国系の子供全体からすれば，以上のような正規の学校における中国語の授業を受けた者は極少数である。つまり母語を学ぶことは，全体社会の制度によってはほとんど公認されず，こうした役割は次節で述べる中国語の補習校が担っている。各学校では，チャイニーズ・ニューイヤーや中秋祭（Midautumn Festival）を祝ったり[16]，中国文化を紹介するような本が置いてあったりするが，一般の教師の中国系の子供の背景についての知識はごく限られたものである。中国系の若者によって出版された本の中には，「校長や先生は私の中国名を一度もきちんと発音しなかった」と書かれている（Lambeth Chinese Community Association 1994：180）。

しかし，インタビュー対象者31名の中に，正規の学校教育の中で広東語のレッスンを受けた者が2名いた。後で述べるが，その2名は，補習校の中国語の授業に比べて，人数の少ない正規の学校教育の中での広東語のレッスンを，実践的でレベルが高かったと非常に評価していた。こうした見解は，筆者の正規の学校における中国語の授業の参与観察からは想像できないものであった。正規の学校教育内での中国語教育は，体系化されたものとはいえないが，たまたま中国語教育が行われている学校に通い，良い中国人教師に巡り合った者にとっては，少人数の実践的な母語教育を受ける機会を提供していたことがわかった。

また，筆者は，1992年に，近年香港からの移民が多数流入している，カナダのトロントにおいて，中国系の子供達をめぐる教育についての調査を行った（山本 1992）[17]。1977年にオンタリオ州政府によって，各教育委員会では公用語以外の言語である「遺産言語（Heritage Languages）」を初等学

校の継続教育の一環として教えることが可能になった[18]。1989年までに約9万5,000人の生徒がこの遺産言語プログラムに参加していた（Ministry of Education 1991：3）。これは，中等学校のクレジット・コース（Credit Course）に繋がっている。その実施は各地区の教育委員会に任されていたが，1989年には法律でその実施が定められた。週二時間半，放課後や週末，希望者が多い学校では通常の時間帯の中で無料で遺産言語を学ぶことができる。最もクラスの多いトロント教育委員会の管轄地区には，約230の中国語のクラスがあり，その内210クラスは広東語，20クラスは北京語である。中国語のクラスには中国系の子供だけではなく少数だが他の民族的背景を持つ子供も混ざっていて，10人から20人で構成されるクラスには語学レベルが様々な子供がいる。テーマを統一してレベルを多様化するように工夫されたカナダにいる中国人のために編纂された教科書が使われていた。教師は，オンタリオ州の教師資格は持っていないが，香港では教師の資格を持っている人しか雇われていなかった。

　このようなカナダのトロントにおける遺産言語プログラムは，多文化主義に基づいた全体社会の教育システムとして，母語を学ぶことを保証するものである。正規の学校教育では，母語を学ぶシステムが確立されていないイギリスとは，その点対照的であるといえる。

4．成績と社会的上昇

　イギリスにおいては1960年代前半から，西インド諸島系の子供達の成績が悪いことが問題になり議論されてきた。多くの民族集団別の学業成績についての調査がなされ，同じような結果を示している。例えばクラフト＆クラフト（Craft & Craft 1983）は，グレイター・ロンドンの16校の中等学校の調査から，5年生の試験結果を示している。民族集団内の階級差も三段階に分けて考慮しながら，「西インド諸島系」「白人」「アジア系」と三つにカテゴリー化した中で，西インド諸島系の子供の学業成績が悪いこと，逆にアジア系の子供の成績が良いことを示している。

　こうした調査においては，中国系の子供達は，「アジア系」のカテゴリーに入れられ，「中国系」としては捉えられてこなかった。中国系について述

べた内政委員会の第二報告書やスワンレポートでは，中国系の子供たちは学業成績が良く，特に理数系の成績が良いと言われ，高等教育を受ける率も高いことが指摘されている（G.B.Parliament 1985 a, 1985 b：653）。

しかしながら，前述したように，イギリスでは1980年代後半からマイノリティの子供が第二，第三世代となり，トムリンソンは，成績の違いは，民族的背景によるものではなく，学校ごとの教師の資質や多文化教育への取り組みの違いによる「学校の質」の違いによる方が大きくなったと指摘している（Tomlinson 1991）。マイノリティをカテゴリーに括って，学業成績が良いとか悪いとかを論じること自体を，問い直さなければならないといえる[19]。

このような状況において，中国系の若い世代は，高等教育を受ける割合が非常に高いことは見逃してはいけない点である。1991年の統計によると，16歳から24歳の中国系の若者の86％が学生で（白人は25.8％）（Owen 1993：8），Aレベル以上の資格保持者の割合が，18～29歳の中国系では49.4％（白人は40.4％），45歳以上の中国系では1.0％（白人は12.4％）である（Owen 1994：23，表10参照）。実際，筆者がインタビューをした31名の若者は，全員が大学教育を受けているか受けようとしていた。また，一度大学を卒業しても，より良い職業に就くためとか，自分のやりたいことを追求するために，再度，大学や大学院に入学した者やそうしようと思っている者も多い。

このような学校教育を重視する傾向は，儒教的背景によって説明するよりも，彼らが歴史的に飲食業に集中してきたことや，イギリス社会の厳しい就職難という社会的状況が背後にあると考える方が適切であると思う。中国系の次世代の間では，共通して，親の携わる飲食業からは抜け出したいという強い思いがあることは調査中強く感じられた。親が，レストランや惣菜店を自営している子供は，小さい頃から親の重労働を見て育ち，10代前半になると必ず放課後や週末は手伝って働いている。親がレストランに勤めている場合でも，帰りの遅い父親から，その大変さを聞かされる。そうした環境によって，中国系の子供達の間で，親の携わる飲食業から抜け出したいという思いが強くなることは自然なことであり，それが高等教育を受ける率を高くしていると考えられる。親の方も，自分たちがイギリス社会で生きていくた

表10 白人と中国系における教育資格の取得度

	白　　人	中　国　系
18歳以上の人口	40,559.6（千人）	115.2（千人）
Aレベル及びそれに相当するレベル	5,416.6	29.7
Aレベル以上	365.0	4.6
大卒以上	2,489.3	14.4
大学院以上	2,562.3	10.7
Aレベル以上の資格保持者の年齢分布	21.4（％）	39.9（％）
18〜29歳	40.4	49.4
30〜44歳	26.2	10.7
45歳から年金資格年齢まで	12.4	1.0
18歳以上全員	100.0	100.0
各年齢集団におけるAレベル以上の資格保持者が占める割合		
18〜29歳	12.5（％）	27.9（％）
30〜44歳	19.7	31.8
45歳から年金資格年齢まで	14.0	15.5
年金資格者	6.6	4.0
18歳以上全員	13.4	25.8

（出典）Owen, D., 1994, *Chinese People and "Other" Ethnic Minorities in Great Britain : Social and economic circumstances,* National Ethnic Minority Data Archive 1991 Census Statistical Paper No.8, Centre for Research in Ethnic Relations, University of Warwick, p.23, Table 13.

めに厳しい労働を強いられたので，子供にはこうした苦労をさせたくないので，学校教育を受けることによって，そこから抜け出してほしいと考えている。親が子供の教育や将来の職業に何を望み，子供がそれをいかに受け入れて自分の進路を選択したかについては，次章において個々の事例に基づいて検討する。

　では，中国系の就職状況は，どのようであろうか。

　高等教育を受ける割合は非常に高いにもかかわらず，彼らの失業率は，16〜24歳の中国系男性では21.3％，中国系女性では19.5％（白人男性は18.0％，白人女性は12.3％）である（Owen 1994：21)[20]。教育による資格

をもっていることが，職を得ることに必ずしも結びついていないことを示している。

　イギリスとアメリカの中国系移民の社会的上昇を1980年の統計を用いて比較したチェンは，両者にそれほどの違いはないと指摘している（Cheng 1994：250）。また，カナダの中国系移民の社会的上昇について述べたリーは，戦後のカナダの中国系移民は，戦前の中国系移民の職業構造と比べるとかなりの社会的上昇を遂げているし，教育レベルはユダヤ系に次いで高いが，収入においては国民平均よりも低いことを指摘している（Li 1988 b：102-13）。こうした統計的数字がどの程度現実を示しているかは，議論の余地があり，イギリスの中国系移民の社会的上昇の程度を，カナダやアメリカと比較して結論を述べるには，無理があると考える。しかし，統計的な数字としては示せないが，第一世代の8割以上が飲食業に携わっていたのに対して，第二世代は，飲食業から抜け出し様々な分野に進出しようとしている途上にあることは確かである。

　さらに，イギリスの中国系移民の特徴として，クォンがニューヨークの中国人について示したような「山の手の中国人」と「下町の中国人」という階級による住み分けの二極分化が，それ程みられないことが指摘できる（クォン 1987：77）。教育程度の高いホワイトカラー層が中華街を離れて郊外に住み「山の手の中国人」となり，中華街には，そこでしか生活のできない下層階級の「下町の中国人」が残るという，この二極分化は，カナダのトロントでもみられた。統計的数字は，この二極を平均化してしまうので，現状を示さないのである。しかし，イギリスの中国系は，移民の歴史的な背景が，こうした二極分化を作り出してこなかったといえる。彼らは，ほとんどが飲食業に携わり，アメリカやカナダのようなホワイトカラー層を作り出していないし，新しい移民の流入も少ない。また，移民当初から中華街に住むことはなく，散らばって住んでいる。専門職に就いているマレーシアやシンガポール出身者と，飲食業に就いている香港出身者，無職の者の多いベトナム出身者の間には，階級意識の違いはあるが，アメリカやカナダのような形態では顕在化していないことが指摘できる。

第2節　中国語の補習校

　1977年のEEC指令の採用まで，イギリスの教育システムの中では，各民族集団の文化を尊重しようという動きはほとんどなかった。しかし，各民族集団のコミュニティレベルでは，早くから母語教育の重要性が認識され，彼ら自身によるクラスが存在していた。1960年代後半から1970年代前半にかけての移民の家族の流入の増加に伴い，これらのクラスは急激に増加した。1980年から1982年にかけてトウの行った125の地方教育当局を対象にした母語教育の調査によると，17の言語が教えられていることが指摘されている（Tsow 1983 b）。そのうちの六つがアジアの言語で，四つが西欧語，二つが東欧語，その他アメリカ英語，中国語，トルコ語，コーランのクラスなどがある。各言語によって違いはあり，たとえばイタリア語，スペイン語，ポルトガル語等のクラスは大使館によって中央から組織されていたが，グジャラティー語，ベンガル語，中国語などのクラスは地域ごとにそれぞれ営まれていた。これらのクラスの中には宗教教育に重点を置くものもあれば，会話に重点を置くもの，読み書きに重点を置くものなど様々である。このようなコミュニティレベルの教育については，学校教育に携わる教師や地方教育当局にすらあまり情報が提供されていない状況である。

　中国系移民も移民当初から彼ら自身による中国語教育を行ってきた。中国系の子供の多くが，中国語の補習校には通った経験を持っている。インタビュー対象者31名においても，2名以外は通った経験を持っていた。

　本節では中国語の補習校に関して，1．発展の歴史，2．London Kung Ho Association Chinese School の事例，3．クラスの種類，資金調達，教授内容，教師の供給，4．親と子供にとっての補習校について述べる。

1．発展の歴史

　ジョーンズによると，イギリスにおける中国系移民が最初に自分達の子供のために学校を作ったのは1928年である（Jones 1980：15）。この頃の子供は，ほとんどがイギリス人の女性を母親に持っていたが，子供に中国文化を

伝達したいという思いもあった。最初，レストランの一角にできたクラスでは，中国語や中国の文化，習慣などが教えられた。後にこのクラスは，香港の著名人であるテュン氏（Robert Ho Tung）の 500 ポンドの寄付を受けて，1933 年に彼の娘（Irene Ho）が東ロンドンのペニー・フィールドに校舎を取得し，生徒約 20 人の Chung Hua Chinese School となった。この学校は，子供達への教育だけでなく，祖国についての情報センターや就職センターとしての役割も果たしていた。しかし中国人教師が中国へ帰ってしまったので，戦争が始まる前に閉校となってしまい，その後約 20 年間このような学校は現われなかった。

戦後になって，このようなコミュニティ・レベルの中国語教育は，1963 年 4 月に，Overseas Chinese Service によって再開された（Ng 1968：70）。4 歳から 12 歳の子供を対象に「子供たちが立派な人格を身につけ中国文化を忘れないために，中国語や中国の習慣や倫理などを教える」ことを目的としていたが，生徒数は，ほんの 5，6 人であった。中国語クラスが増加するのは，その後 1960 年代の後半になって，イギリスにいる夫のもとに多くの妻や子供が来るようになってからである。

ところで中国系コミュニティには古くからクランやリネージの結びつきを中心として作られた団体があり，差別に立ち向かい，海外にいる中国人に逃避所を提供し，またホスト社会と中国系コミュニティの橋渡しのような役目もしていた（Chann 1982）。ロンドンにおける最も古い団体は，1906 年に設立された Hui Tong Kung Sheng Association である。船員を中心とする相互扶助組織で，今日では名称を Chun Yee Society と改め，社交とギャンブルのクラブとして存続している。他に東ロンドンの Oi T'ung Association や The Chinese Mutual Aid Workers Club（1916 年設立），リバプールの Chi Kung Tong などがあった。

しかし，現存する中国系の団体は，ほとんど第二次世界大戦後にできたものであり，初期の団体とのつながりはない（柿沼 1991：301）。なぜなら，戦後の移民は，戦前とは出身地も違うし，職業も船員ではなく，イギリス人とは競合しない飲食業であったので，既存の団体に入るよりも，自らの組織を創ったのである。例えば，London Kung Ho Association（1947 年設立）や，

Chinese Chamber of Commerce UK（1968年設立）等がある。こうした団体は，初期の団体のように，差別に立ち向かうための避難所というよりも，地域の発展のために，そこに住む中国人を対象とする教育やリクリエーション活動にも力を注いだ。これらの団体が，1960年代後半に要請の高まった中国語の補習校を設立したのであった。しかし，イギリスにおける中国系移民は散らばって住んでいるという特徴を持つので，このようなクラスを組織するのには困難が伴った。1960年代後半から1970年代前半にかけて，ロンドンでは五つの中国語クラスが開設した。

　1960年代後半から1970年代前半にかけて，妻や子供達が流入した後は，イギリス生まれの子供達が増え，1970年代後半になると，そのイギリス生まれの子供達の多くが学齢期に達した。多くの親は，自分の子供がイギリスの学校に行って英語を学ぶようになると，家庭で話している中国語を忘れてしまわないように，子供を中国語の補習校に通わせようとしたことによって，中国語教育への要請が急激に高まった。1960年代から1970年代にかけて設立された補習校だけでは，そうした多くの子供達を受け入れることができず，1970年代後半から多くの中国語の補習校が新たに開設された。1982年のチャンのレポートによれば，中国語の補習校はイギリス全体で56校，そのうちの71％にあたる40校は，1970年代後半から1980年代前半に開設されている（Chann 1982）。

　1970年代後半からの中国語の補習校の急増はその後も続き，香港政庁事務所の1990年のリストによると，イギリス全体で96校，生徒数12,529人（スコットランド10校：904人，北アイルランド1校：82人，イングランド＆ウェールズ52校：5,950人，ロンドン33校：5,593人）となっている（Hong Kong Government Office 1991/2）。これらは全国に散らばっているが，ロンドンに最も多く，またその規模は Oxford Chinese Christian Church Chinese Class の12人から，Chinese Chamber of Commerce UK Chinese School の1,488人まで様々である。ロンドンにおける中国語の補習校33校のうち，80年代に開設されたものが22校，70年代が2校，60年代が2校で，残りは記載なしである。ここからも，近年における中国語の補習校の増加の状況がわかる。特に5，6歳の初心者向けのクラスでは，ほとんどの学

校で長いウエーティングリストができている。

2. London Kung Ho Association Chinese School の事例

London Kung Ho Association Chinese School は1960年前半に開設された，ロンドンで最も古い歴史のある補習校である。ここでは，この学校を事例として取り上げて，その発展の歴史や問題点を検討したい[21]。

London Kung Ho Association は，約1,000人以上の会員から成り立っている非営利的な協会である。この協会は，1947年に30人の船員や飲食業者によって設立された。その目的は「余暇を過ごすためにメンバーに集まる場所を提供する」ためであった。1962年以降の移民の流入の増加に伴ってメンバーも増え，活動も食事の提供から映画会まで範囲を広げていった。1966年には婦人クラブが作られたが，土曜日や日曜日に母親たちが定期的に集まって茶のみ話をしている間に，子供たちに中国語や中国文化を教えたいという話がまとまり，1968年に生徒8人，教師1人で中国語クラスができた。今日，このように始められた中国語の補習校は，生徒数約500人，教師28人の学校となった（表11参照）。

生徒は5歳から18歳までで，中国語の能力別に12レベルに分けられている。広東語が教えられているが，大人向けの北京語のクラスも2クラスある。特に5，6歳の初心者向けのクラスでは，常時20人から30人の空きを待っている生徒がいるということである。しかし，筆者がインタビューの機会を得ることのできた校長によれば[22]，このような学校拡大の影には，現在でも解決されない様々な問題が山積みされているとのことである。学校創立以来，資金の不足，教師，教材，教室をいかに見つけるかなど運営の上での実際的な問題に悩まされてきた。教師は，全員ボランティアである。1982年から内ロンドン教育当局（ILEA）の援助（81年から82年：1,300ポンド，82年から83年：1,800ポンド，83年から84年：2,450ポンド，84年から85年：2,500ポンド）を受けるまでは，資金は会員等からの寄付のみに頼っていた。しかし，1988年にILEAも廃止され，援助も受けられなくなり，資金不足は深刻であるという。また特に校舎の問題は深刻で，設立当時は中華街の地下室にある協会の本部を学校として使っていたが，1969年にはCam-

第3章 アイデンティティ形成の背景

表11 London Kung Ho Association Chinese School の発展過程

年次	年　代	生徒数（人）	クラス数	教員数（人）
1	1968～69	8	1	2
2	1969～70	15	1	2
3	1970～71	27	2	3
4	1971～72	34	3	4
5	1972～73	42	3	5
6	1973～74	68	4	6
7	1974～75	107	5	6
8	1975～76	129	7	8
9	1976～77	167	8	9
10	1977～78	204	10	11
11	1978～79	236	11	12
12	1979～80	252	10	12
13	1980～81	286	11	13
14	1981～82	302	14	16
15	1982～83	347	16	20
16	1983～84	362	18	22
17	1984～85	385	22	26
合　　計		2,971	146	177

(出典) London Kung Ho Association, 1985, *London Kung Ho Association Fund-Raising Campaign for the Chinese Education Trust & Purchase of School Property Special Journal,* London Kung Ho Association, p.24.

bridge School of English の校舎を一時的に借り，その後，1980年には Soho Parish School を，1983年には Westminster College を日曜日の午後2時間だけの使用が認められた。しかし，校長によると，ILEA が廃止されてからは，その使用料も払わなくてはいけなくなったそうである。校長は，将来校舎を取得できたら，習字や中国音楽や写真，また1978年に始めたが生徒不足のため閉校となった，大人を対象にした英語のクラスなども始めたいと語った。

3．クラスの種類，資金援助，教授内容，教師

中国語の補習校は，イギリスの教育システムからは独立し，また大使館とか文部省のような中央の機関によって運営されているのではなく，それぞれ

の学校が個々に運営している。筆者の香港政庁の事務官へのインタビューによると[23]、1994年には個々に運営されてきたこれらの中国語の補習校をまとめる組織ができ、現在ではこの組織に90％の補習校が加入している。ほとんどの学校が公立学校の学期に合わせて3タームに分かれていて、1ターム平均12週である。全日制の学校は無く、ほとんどのクラスが週末に開かれている。時間は2時間で、稀に1時間のクラスもある。

　トウの分類によると、これらのクラスは三つに分類できる（Tsow 1983 a : 39）。

　(1)　中国人による協会や団体に組織されているクラス：例えば、前述したLondon Kung Ho Association Chinese School や Chinese Chamber of Commerce UK Chinese School などがそれにあたる。

　(2)　キリスト教派（英国国教会を信奉する者とそうでない者を含む）に所属するクラス：例えば St.Martin-in-the-Field Church Chinese School や Reinish Church Ltd. Chinese Class などがある。

　(3)　1980年代後半に設立されたチャイニーズ・コミュニティ・センターに付属しているクラス：これらは、地方自治体から直接補助金をもらっている。例えば、Haringey Chinese Association Chinese Class や Hackney Chinese Community Services Mother Tongue Class などがこれにあたる。

　また、中国語の補習校への資金援助は、当初は創設した協会だけが行っていた。1970年代後半以降は、香港政庁が年に1校につき1,000ポンドから2,000ポンドの援助をしている（Wong 1988 : 131）。また1970年代後半から、いくつかの地方教育当局は、年に1校につき750ポンドから1,500ポンドの補助をしている。

　地方教育当局のなかには、このような資金援助に加えて、補習校がある時間のみ、校舎を無料で提供しているものもある[24]。これら香港政庁と地方教育局の援助に加えて、親からの寄付や授業料（年間1人約50ポンド）や協会の会費等から資金を調達している。

　教授内容は、大多数の家庭で使用されている言語である広東語の読み書きが中心である。また、北京語を教える補習校もロンドンには2校ある。筆者の訪問した北京語を教える補習校の校長によると、この学校は1983年に設

立された。ほとんどの生徒はイギリス生まれで，生徒の7割の親は台湾，マレーシア，シンガポールの出身者で，残りの3割の親は香港の出身者だということである[25]。家庭では広東語を話す香港の出身者でも，子供の将来のためには北京語を学んだ方が良いと考えてこの学校に通わせている。興味深い点は，子供をこの学校に通わせている親は，ほとんどコンピューター技師，会計士，弁護士などの専門職につき学歴も高いことである。生徒の20％は，私立校に通っている。広東語を教える補習校に子供を通わせている親は，ほとんど飲食業に従事し，学歴が低いのとは対照的である。こうした補習校の選択にも，中国系という集団内部の階級の違いが表れているといえる。

カリキュラムの内容については特別のシラバスがあるわけではなく，香港政庁から配布された教科書にそって[26]，読み書き中心の授業が進められている。中国語の会話を練習したりすることはほとんどない。教科書は，香港で使われているものであるが，1年に2巻という香港と同じ量をこなすことはできない。補習校の教師の話によると，その中から中国の歴史とか祭り，習慣，孝行というようなトピックを，教師が任意に選んで教えているということである。1991年には，在英中国人向けの教材を開発する20人位のチームができ，そのチームによって1993年には在英中国人向けに教科書ができ，現在ではほとんどの補習校でこの教科書が採用されている。正規の学校教育における中国語教育においても，この教科書が使われている。

クラスの構成については，個々の学校によって違いがある。香港の教育システムをそのまま採用している学校もあれば，独自のグレードレベルを採用しているものもある。補習校の校長の話によると，子供たちが中国語を使う場が限られているのと，補習校の時間が短いことによって，補習校の初等レベルの年数は伸びる傾向にある。当然，香港の同じ年代の子供たちより，中国語の能力は低い。

また，教師については，ウォンの127人のロンドンの中国語の補習校の教師を対象とした調査によると，35％がイギリスに高等教育を受けるために来た香港からの留学生，23％が補習校で学ぶ子供をもつ親で，残りは様々な仕事を持つ在英中国人である（Wong 1988：152-153）。彼らのほとんどは，香港で低くとも中等レベルの教育を受けているので，教授方法についての知

識は別として，彼らの中国語の知識は初等レベルを教えるのには十分だと考えられる。また，補習校の教師への報酬は，交通費が支給されるぐらいで無給であり，多くの教師は，補習校で教えることをコミュニティ・サービスとして捉えている。また教師の約3分の1が香港からの留学生なので，勉強を終えると香港に帰る者が多く，流動性が高く，多くの補習校では教師不足という問題を抱えている。香港から来た教師の中には，イギリス社会で育っている中国系の子供の中国語の能力の低さや，漢字を書く根気の無さに驚き，筆者にそれを嘆く者もいた。

4．親と子供にとっての補習校

中国系の子供達の多くは，週末になると，親に送ってもらって，この補習校に通って来る。教会やモスク等のコミュニティの中心的役割を果たす機関のない中国系移民にとっては，中国語の補習校は，それに代わる役割を果たしているといえる。子供を補習校に送ってきた親達は，子供が学習している間，話をしたり一緒に買物に行ったりして，週に一度は顔を合わすことができる。

トウは，親や子供の補習校への意識を調査している（Tsow 1984）。親については，子供を中国語の補習校に通わせている195人と，通わせていない138人を対象に行っている（Tsow 1984：15-31）。子供を補習校に通わせている親にその理由について尋ねた結果は，「子供達は中国人だから」「母語を学ぶべきである」というのが主な理由である。つまり，親は，子供が中国人なのだから中国語を学ぶべきであると考えていることがわかる。今後補習校の授業時間がもっと長くなることを望むかという問いに対しては，73％が「はい」と答え，27％が「いいえ」と答えた。「いいえ」と答えた者の8％は，子供が英語を学ぶ方が中国語を学ぶよりも大切だからと答えた。補習校についての全体的な意見としては，時間が短いこと，設備が不十分なことなど以外は，大体満足している。

子供を補習校に通わせていない親については，その68％が，子供は中国語を話すことができると答えたが，子供が中国語を書くことができると答えた親は，138人中ほんの9人にすぎない。88％の親は，補習校について聞い

たことがあると答え，そのほとんどは，通わせたいのだけれども，忙しかったり，交通の便が悪かったりして通わせていない。

子供については，381人の補習校に通う子供達を対象に行っている。誰が補習校に通うことを決めたかという問いに対しては，ほとんどの子供が両親が決めたと答えている（Tsow 1984：32-43)。補習校のどこが好きでどこが嫌いかという問いに対しては，好きな点として3分の1の子供が，友達に会えると答え，4分の1の子供が，中国語を学べることと答えた。また嫌いな点としては，3分の1の子供がないと答え，級友が意地が悪いとか，週末に他のことがしたい等である。

以上のトウの調査は，親の勧めで子供は中国語の補習校に通っていることを示している。子供は小さい内は親の勧めるまま通っているが，上級クラスになるとやめる子供も多く，クラスの人数も減る。

補習校の休憩時間には，チップスとジュースというイギリスの典型的な子供のおやつを持参し，英語で友達と話している中国系の子供達にとって，週末2時間だけの漢字の読み書きは，身近なものではない。補習校で教育を受けた子供が，それをどのように捉えているのかは，個々の語りに基づいて後で述べるが，ほとんどの子供にとっては，漢字の読み書きは，日常生活とはかけ離れ，学習への興味を持続することが困難である。上級クラスになっても学習を続けている子供は，中国語によって G.C.S.E.（the General Certificate of Secondary Education の略）の資格を取るためである。

第3節　チャイニーズ・コミュニティ・センター

公的資金の援助を受けて，中国系移民にアドバイスや援助をすることを主たる目的としたチャイニーズ・コミュニティ・センターが設立されたのは，1980年代である。これらは，前節で述べた戦後に中国系移民によって設立された諸団体よりも，現在の中国系移民の日常生活に入り込んできている[27]。居住地としてのエスニック・コミュニティを持たない中国系移民にとって，こうしたセンターは，ここ10年間位で近隣のネットワークの中心になってきている。それゆえ，中国系次世代のアイデンティティ形成にとっても，影

表12 ロンドンにおける七つのチャイニーズ・コミュニティ・センターと設立年

チャイニーズ・コミュニティ・センター	設 立 年
1．China Town Chinese Community Centre	1980（年）
2．Camden Chinese Community Centre	1984
3．Lambeth Chinese Community Association	1985
4．Hackney Chinese Community Services	1986
5．Haringey Chinese Community Centre	1987
6．Hounslow Chinese Community Centre	1987
7．Islington Chinese Association	1987

（出典）Hong Kong Government Office (London), 1989, 1992, *Chinese Organisation in the United Kindgom* (Pamphlet), London.

響を与えるものとなっている。

　香港政庁事務所の発行した1989年のリストによると，ロンドンには七つのチャイニーズ・コミュニティ・センターがある（表12参照）。これら七つのセンターは，地方政府当局から援助を受け，また中国系移民の寄付によっても成り立っている。設立の目的は，カムデン・チャイニーズ・コミュニティ・センターのパンフレットによると，「教育，文化，言語，住宅，福祉等の分野で，カムデン地区のチャイニーズ・コミュニティの間の自助を促し，また中国系移民と地域社会の間の懸け橋の役割を果たすことを目的とする。さらにセンターは相談者が様々な差別に立ち向かったり，地方及び中央政府機関からの援助を受けたり，他のエスニック・マイノリティと協力する手助けをする」とある。スタッフは，バイリンガルの中国系の職員で，各センターに2～8人がいて，事務所を構えている[28]。

　筆者は，七つのコミュニティ・センターの中で，ハリンゲイ・チャイニーズ・コミュニティ・センターと最も関わりをもった。本節では，第一にセンターの主な活動について述べ，第二に若い世代とコミュニティ・センターとの関わりについて述べる。

1．センターの活動

　チャイナタウン・チャイニーズ・コミュニティ・センターは，土曜日と日

曜日しか開かれていないが，その他のセンターは日曜日以外の毎日，朝から夕方まで開かれている。

七つのコミュニティ・センターの活動内容にあまり違いはないが，その主なものは以下のようである。

(1) アドバイスサービス

これは自助組織としてのセンターの主要な活動で，主に，英語の話せない人の多い第一世代が，イギリス社会で生きていくためにぶつかる様々な問題（住居，社会保障，健康，移住や帰化，雇用，法的手続き，教育等あらゆる分野の問題）の解決の手助けをする。たとえば人頭税についての説明とか，彼らにとって馴染みのない福祉制度の利用を勧めたり，様々な書類の作成，通訳としての病院への付き添いなどがこれに含まれる。

(2) ホームケア

主に老人を対象としたものであり，家庭訪問をして家事を代行したり，依頼を受ければ食料品や衣服等の買物も手伝うサービスである。中国系の主婦が，センターに登録し，随時派遣されている。これは，ハリンゲイ・チャイニーズ・コミュニティ・センターでは行われているが，すべてのチャイニーズ・コミュニティ・センターで行われているわけではない。ハリンゲイ地区のどこに中国系の住民が住んでいるかは，散らばっていて外からはわからない。しかし，センターのスタッフは，ケアの必要な中国系住民の住所をつかんでいて，人のネットワークによるコミュニティが形成されているといえる。

また，スタッフの1人の話では，こうしたチャイニーズ・コミュニティ・センターによるサービスは，中国系の老人のみを対象とすることによって排他的になる面があり，老人一般を対象とする地方行政のホームケアのサービスとの間で軋轢が生じているとのことである。

(3) 老人会

中国料理を皆で食べる昼食会が老人会の活動の中心である。食事は，1食2，3ポンドの低料金である。月に1回，誕生日会を開催したりするセン

ターもある。どのコミュニティ・センターも，この老人向けの昼食会が，センターの活動の看板となっている。参加する老人には，戦後すぐに移民してきてイギリス暮らしが長い人や，最近イギリスにいる家族の元にやってきた人等がいる。彼らは，長くイギリスに暮らしている人でも，ほとんど英語を話すことができない。常時10人から20人の老人が，センターに来て，中国料理を食べ，話をしたり，花札をしたりして，彼らの社交場になっている。彼らに昼食を準備するのは，中国系の主婦であり，1日25ポンド位の報酬をもらっている。また，こうして作った中国料理の昼食を，弁当として老人に宅配するサービス（1日約10食から20食）も行っている。

(4) 英語クラス

大人を対象とした英語クラスで，成人教育の一貫として，内ロンドン教育当局が廃止されるまでは資金援助を受けていた。参加者は，近年イギリスに来た主婦や，10年以上イギリスに住んでいる主婦，またイギリスに住んで20年以上になる老人ら，10人前後である。

(5) ユースクラブ

若者達が，バドミントンや卓球をしたり，中国語のビデオを観たりする。イスリントン・チャイニーズ・アソシエーションでは，中国人の卓球の教師に週に2回来てもらっているが，これに参加する人数は，2，3人であり，活発な活動部門ではない。

(6) 中国語クラス

これは，前節で述べた子供のための中国語の補習校である。

(7) ホームワーククラブ

子供達が宿題などをもちよって勉強する。教師は，センターのスタッフである。放課後，親が忙しいのでセンターに遊びに来て，そのついでに勉強もするという子もいる。子供達は，センターに来た時，たまたま大人向けの中国音楽の教室があればそれに加わったりもする。イギリスへ来てまだ1年足

第3章　アイデンティティ形成の背景　　　　　　　　　　79

らずの姉弟は，毎日のようにセンターに来ていたが，彼らにとって中国語の通じるセンターは安らぎの場所となっていたようである。

(8)　音楽教室

　ピアノやヴァイオリンの教師をセンターに招き，子供にレッスンをしてもらう。また中国音楽の教師による，中国の伝統的な楽器のレッスン（主に大人対象）を行っているセンターもある。参加者は，2，3人である。

(9)　初等学校でのワークショップ

　1年に2回，正月と中秋祭に中国の文化や歴史を紹介する教材を作って，正規の初等学校でワークショップを主催している。中国系ではない子供達にも中国語や中国文化を紹介しようとする試みである。お面作りや書道，切り絵，中国の楽器等のコーナーが設けられていた。同じような試みは，博物館でも企画されている[29]。

　その他チャイニーズ・ニューイヤー・フェスティバルやクリスマス会，ハイキング，サマースクールなどの催しや，中国語の本やビデオの貸し出しなども行っている。

　以上のような活動をしているチャイニーズ・コミュニティ・センターは，その地域に住む中国系の人々の間での話題にもなっている。例えば，ハリンゲイ・チャイニーズ・コミュニティ・センターと，車で10分程離れたところにあるイスリントン・チャイニーズ・アソシエーションは，同じ中国の伝統舞踊団をニューイヤー・フェスティバルの出し物としてどちらが呼ぶかで張り合っているというようなことが，中国系の人々の間で噂にのぼる。まだ設立されてそれ程歴史の長くないこうしたセンターは，居住地としてのコミュニティは持たないが，個人的な人間関係のネットワークで結ばれている近隣の中国系の人々の関心を集めていることがわかる。それゆえ，センターの方も，彼らの間での評判を高めようと，色々趣向を凝らそうとしているのである。

2．若い世代とコミュニティ・センターとの関わり

　センターの活動の中心的対象となっているのは，老人であるが，子供や若者の日常生活にも，センターの活動は入り込んでいる。センターの子供向けの企画としては，前述したホームワーク・クラブやサマースクール等がある。

　ハリンゲイ・チャイニーズ・コミュニティ・センターでは，1989年からサマースクールが始まった。筆者は，1990年の夏と，1996年の夏にサマースクールの参与観察をしたが，1996年のそれは，1990年に比べると，随分規模が拡大していた。

　1990年には，週に4回，10時から4時まで，夏休み中の5週間にわたって行われていた。3歳から12歳の子供，20人前後が参加し，兄弟で来ている子もいた。教師は，常時2人で，2人とも香港からの留学生であった。教授語はほとんど英語で，習字，絵画，英語の綴りを覚えさせるためのゲーム，カード作り，また週に1回遠足があった。遠足では，交通博物館，人類学博物館，映画館，公園などへ，仕事で忙しくて連れて行くことのできない親に代わって，子供たちを連れていっていた。しかし，このサマースクールの内容は，教師2人が相談の上決めたということだが，3歳の子供と12歳の子供を一緒に行動させていて，年齢の小さい子供に合わせたものが多く，年齢が上の子供にとっては退屈なものもあった。

　1996年のサマースクールは，7月下旬から8月中旬に行われていた。主な内容は，センターで何かをするのではなく，ボーリングやアイススケート，自然史博物館やレジャーランド等，外出することが中心であった。参加者は，1989年からずっと参加している者もいて，5，6歳位から15，6歳位の子供が20〜30人位であった。センターのスタッフ2，3人と手伝いの中国系の若者7人が，教師として引率していた。年齢の低い子供と高い子供を別々にすることもあるし，一緒のこともあった。このサマースクールに参加している者は，夏休み中のほとんどを，中国系の年齢の異なる子供達の輪の中で過ごすことになる。様々な場所に一緒に行くことによって，連帯感も高まり，皆仲が良い。サマースクール以外でも，お互いの家に遊びに行ったりすることもある。思春期の子供を持つ親は，子供が中国系の友達と引率者に連れら

れて外出するので,安心であると語った。子供はそれなりに楽しんでいるようであったが,決められた場所に皆で行くのでつまらないと語った子もいる。

また,10代後半から20代の若者のセンターとの関わり方は,様々である。近くに住んでいてその存在を知っていても,センターの活動に全く参加しない若者もいれば,活動に積極的に参加する者もいる。バーミンガムの中国系青年プロジェクトの調査によると,近くのセンターのユースクラブに参加したことのある若者は,120人中21.7％である (Parker, Li & Fan 1996)。筆者のインタビューを行った若者の中で,ユースクラブに参加した経験をもつ者は数人いたが,1,2回企画に参加したことがあるとか,サマースクールの手伝いをしたことがあるといった程度で,こうした活動に積極的に関わっている者はいなかった。

しかし,このようなセンターでの活動が,中国系としての自分達を主流社会にアピールしようとする動きに結びついた例もある。例えば,ランベス・チャイニーズ・コミュニティ・アソシエーションで1992年に行われた演劇のワークショップは,中国系の若者達を自分達による本の出版に導いた例である。このワークショップに参加していた20人の若者は,現在のイギリス社会で自分達が中国人であるということはどういうことなのかを考え,自分達をステレオタイプ化して捉える主流社会に自らをアピールしたいとして,小冊子を作って出版したのである (Lambeth Chinese Community Association 1992)。これはその後,さらに人数を加えて本として出版され,中国系作家によるイギリスで最初の文芸書となった (Lambeth Chinese Community Association 1994)。この本の冒頭では,「中国人ではない者は,我々について何も書かず,我々について勝手に認識して我々についてのイメージを創りあげている。中国文化は,せいぜいニューイヤー・フェスティバルを通してしか理解されていない。不幸にも我々は自分達の多様性を提示していく声を欠いていたが,中国系の若者の間には自分達を表明したいという願望が湧き上がってきている。この本の出版によって,我々はついに自分達の声で語り始めたのである」と述べられている (Yip 1994：V)。このように,コミュニティ・センターは,自助組織としての機能だけでなく,自分達を主流社会にアピールしていこうとする活動の基盤にもなっている。

また，バーミンガムにおける中国系青年プロジェクト（1992年に創設）は，そうした目的を前面に出して，中国系であることによって差別されている現在の状況を改善するために，就職相談や中国語や中国文化の講座の設置等様々な活動を組織し，政治的な動きに結びつけていこうとしている（Birmingham Chinese Youth Project, Annual Report 1995-6）[30]。1995年10月には，イギリス全土で初めて中国系の若者による全国会議を組織し，全国的な組織に発展させようとしている。この会議では，「中国系の若者は，他のマイノリティのコミュニティと違って，一緒に集まって，お互いを助け合う精神に欠ける。……全国中国系若者組織があれば，キャンペーンをして，必要なときに中国系の人を集めて動員することができる」と述べられている（Fan & Li 1995）。

しかしながら，筆者がインタビューをした31名の若者は，こうした活動にはほとんど関心を示さなかった。彼らが中国系としてまとまってする活動は，親しい友人達が集まってする週末のバドミントン[31]か，クリスチャンの者が行く中国系の教会を通してであった。チャイニーズ・コミュニティ・センターは，特に若者にとっては，中国系としての集合的アイデンティティを強化するきっかけを与える場となる可能性は指摘できる。しかし，まだそのような芽が出てきている段階であり，本書の調査対象者である若者のアイデンティティ形成にとっては，そうした役割を果たしてはいない。

第4節　家庭——香港系とマレーシア系

本節では，香港出身者による家庭とマレーシア出身者による家庭とを一事例ずつ取りあげて，それぞれにおける参与観察に基づいて，家族の歴史，近隣の環境，日常生活，親の教育への姿勢について記述する。それを通して，アイデンティティ形成の背景にある中国系の家庭の状況を描くことを試みる。

1．香港系の家庭の事例

この家族（L家）の構成員は，父（48歳，1997年現在），母（41歳），長男（18歳，カレッジの学生），次男（17歳，カレッジの学生），長女（11歳，

第3章 アイデンティティ形成の背景　　　　　　　　　　83

中等学校の1年生）の5人である。筆者は，L家とは1989年の調査開始当時から，ハリンゲイ・チャイニーズ・コミュニティ・センターに出入りすることを通して知り合った。1995年からは，調査の度に滞在して，長女と部屋をシェアーし，参与観察を行った。

(1) 家族の歴史

L家の父親は，香港の新界出身である。L氏の語りに基づいて，この家族の歴史を追うことにする。

L氏の祖父母は，中国から香港の新界に移住してきた。彼の父親は，洋服の仕立て業をしていたが若い頃に死亡。母親は無職であり，兄と姉，妹の4人兄弟である。現在，兄と姉は香港に，妹は南スコットランドにいて，妹の夫は中国系のスーパー・マーケットで働いている。

彼は，初等学校を卒業後，父親が死亡していたためすぐに働いた。ダンボール箱を作る工場等を転々と2年位で転職をしていた。

1965年頃から，香港の新界ではイギリスへの移民がブームとなり，L氏は，1972年，23歳の時に単身でロンドンに渡った。当時はまだロンドンには中国人は少なかったので，職を見つけるのは簡単で，彼は，同じ村の出身者が紹介してくれた中国料理店のコックの職にすぐに就くことができた。週給20ポンドで働き，ロンドンのハンスローにあるレストランの従業員用の寮に住んで，故郷の母親に月に20ポンドを送金した。当時は，中国語の新聞もなく，香港から来た友人が数日前の新聞をもってくると皆で喜んで回して読んだ。また休日には，中国人の友人とまだジェラード・ストリートしかないチャイナタウンへ遊びに行ったりもした。

そうした生活を数年続けた後，1976年から1977年にはドイツへ働きに行った。中国人の友人がドイツに先に行っていたし，イギリスの経済状況も良くなかったので行ったのだが，ドイツには中国人は少なくて，退屈であった。

1977年のクリスマスには，ドイツから香港に帰省し，以前から親が知り合いであった九龍出身の女性と香港で結婚をする。ドイツへは独身であると入国できるが，結婚すると入国できなく，結婚後は以前いたロンドンのハン

スローに戻り，レストランにコックとしての職を難なく見つけ，新婚生活を始める。

　1979年に長男が生まれる。1980年には，義弟のいるポーツマスでレストラン・ビジネスを始めることになり転居する。しかし，ビジネスはうまくいかず，L夫人もこの地が好きではなかったので，ロンドンに戻り，ハイゲートに住む。1980年には次男誕生。借りていたテークアウェイ・ショップの2階のフラットが1部屋でとても狭く古いので，親切な知人が，カウンシル・ハウスに入れるように手続きをしてくれた。1982年に現在住むトッテンナムのテラスハウスに引っ越した。1992年にはその借りていたテラスハウスを購入した。その間，彼は中華街のレストランのコックとして，何回か店を移転している。現在は，ユダヤ人が所有するゴールダース・グリーンにあるレストランのコックとして働いている。中華街のレストランでは，週給400～450ポンドであるが，このレストランでは，週給が500ポンドであり良い収入である。これは，グレイター・ロンドンの平均週給が415ポンド（Central Statistical Office 1995：86），またソーシャル・ワーカーの週給が316ポンド，初等学校の教師の週給が394ポンド，中等学校の教師の週給が427ポンドであること（Central Statistical Office 1995：87）と比べると，高収入である[32]。筆者は1995年から1997年まで毎年この家庭に滞在しているが，玄関や台所，床等を改装し，小さな裏庭を持つ3階建のテラスハウスは，ビデオカメラやオーディオ機器，携帯電話[33]，家電製品は何でも揃っている。車を3台所有し，1台はL氏が，1台はL夫人が通勤に，1台は運転免許を取得したばかりの長男が通学に使っている。しかし，暮らしぶりはぜいたくではなく，外食することもないし，夫婦は倹約が身についていて，余分なお金は使わない。

　L夫人と下の2人の子供は，1990年に香港に一度帰省したことがある。しかし，彼は，20年前に香港で結婚して以来，一度も帰省していない。友人から香港に地下鉄もでき，とても変化していると聞くので，随分変わっているだろうなあと思うと語った。香港に住む母や姉や兄とは，ずっと会ったことはない。

第 3 章　アイデンティティ形成の背景　　　　　　　　　　85

(2)　近隣の環境

　L家のあるトッテンナム地区は，カウンシル・ハウスが立ち並び，ロンドンの中でも移民の多い，色々な民族的背景の人が混ざり合っている地区である。ロンドンに長く住む筆者の日本人の友人によると，トッテンナムはロンドンの中では危険な地域の一つであり，暗くなってからは絶対に1人で歩かないようにと言われた。トッテンナムから一つ離れた駅では，白昼堂々と銃による殺人が行われたとのことである。

　L家がこの地区に住み始めた1982年には，この地区に中国人の家族はだれも住んでいなかった。しかし，現在では，L家の面する通りだけでも中国人の家庭は4軒あり，ブロック全体では，中国人の家庭は約20軒程ある。外から見たら中国人が住んでいることはわからないが，お互いにどこに中国人が住んでいるのかは知っている。彼らの間では，夕食の惣菜や自家栽培をした中国野菜を交換したりもする。L家の隣りは，西インド諸島系の移民の家族であるが，あいさつをする程度で，ほとんど付き合いはない。

(3)　日常生活

　バーミンガムにおける中国系の若者の調査によると，中国系の若者120人の内，約70％が親の営む飲食業を手伝った経験を持つ（Parker, Li & Fan 1996：11）。しかし，L家の場合，L氏が1年だけポーツマスでビジネスをしていた以外は，コックとして雇われているので，子供達は飲食業を手伝った経験はない。

　L氏は，朝は10時頃，他の家族の者が家を出ていった後起床し，10時半に家を出て職場に向かう。帰宅は毎日夜の11時過ぎであり，家族と夕食を共にすることはできない。帰宅後，遅い夕食を取り，L夫人と一緒に，毎日午前3時頃まで，イギリスの香港系テレビ局の中国人向けのテレビ番組を見るのが日課である。

　L夫人は，結婚以来1995年の年末までは家で洋裁の内職をしながら，育児や家事をこなしてきた。中国系の主婦の中には，彼女のように洋裁の内職をしている人が多い。1着縫うと1ポンドで，1日に8時間はミシンを踏んでいたので，週給70～80ポンドにはなった。毎日夕方なると，縫った服を

サイプロス出身のボスが集めに来るので，それまでにノルマを仕上げなくてはならず，深夜までミシンを踏む日もあった。1996年には洋裁の内職をやめて，イスリントン・チャイニーズ・アソシエーションの老人のための昼食会の料理係として月曜日から金曜日まで，午前9時半から午後4時頃まで働いている。彼女は，1日中家の中に閉じこもっていなければならない洋裁の内職よりも，現在の仕事の方が社交的な自分には合っていると思うと語った。また週に1回は，料理係としての仕事の後で，掃除婦として，次男に手伝ってもらいながら夜の7時頃まで働いている。その日は父親が休日で，父親が夕食の準備をする。彼女は，毎日夕方6時から7時までの広東語のラジオ放送を聞くのを楽しみにしている。それを聞きながら夕食（ほとんど中国料理）を作るのが彼女の日課である。また，週に1回は，夕食後，コミュニティ・センターでの婦人向けの中国歌のレッスンに通っている。家で広東語の歌を口ずさみながら，料理を作ったりしている。新聞は，定期的に講読しているものはなく，たまに英語の大衆紙を買うこともある。イギリスのテレビ番組は，子供に付き合ってたまに見る程度である。長女は数冊英語の小説を持っているが，教科書以外はあまり本は置いていない。

また宗教は特にない。リビングルームには，L夫妻やL夫人の妹の結婚式の写真，子供達の小さい頃の写真，10年程前に家族でフランスのディズニーランドに行った時の写真が飾られている。

L夫妻の付き合いの範囲は，すべて中国人である。近所の家でカラオケパーティーをしたり，友人家族を招いて夕食会をしたり，たまに麻雀をすることもある。休日には，古くからの友人が香港の週刊誌を回し読みのために持って訪れたり，友人宅を訪れておしゃべりをしたりする。L夫人はよく電話で話をしているが，すべて広東語であり，電話帳のリストは中国人のみである。香港の出身者がほとんどであるが，中にはマカオや中国本土の出身者もいる。しかし，夫婦は共に筆者に，中国本土から来た人は自分達とは何か違うと語った。L夫妻は，筆者とは英語で会話をする。流暢に英語を話すことはできないが，用件は英語で足せる。筆者の滞在中，玄関を二重ドアにするための改装の相談をイギリス人の業者としていたが，英語で何とか通じる程度の語学力はある。やりとりの間に，L夫人は筆者に，「あの人（夫）は，

第3章　アイデンティティ形成の背景　　　　　　　　　　　　87

きちんと理解しないで承諾してしまいやすいので，私がきちんと監視しなければいけない」と耳打ちをした[34]）。

　そうした両親の日常生活に，子供達の日常は重なりあっている。3人の子供達は，朝は遅くまで寝ている両親を起こさずに，自分達で起き，パンとジュースか紅茶の朝食を自分たちですませ，必要な時はサンドイッチの昼食を自分で作って登校する。夕方帰宅後はほとんど外出することはなく，またテレビを見たりして過ごしている。夕食は，L氏の休日以外は，L夫人と子供達3人で取る。両親と子供達の会話は，広東語でなされ，兄弟同士では広東語と英語で話している。夕食時は，色々冗談を言い合ったりしてよく話す。L夫人は，こうした子供達とのたわいのない会話が，1日の疲れを癒してくれると筆者に語った。子供達は，夕食の準備や後片付け，洗濯物の片付け，掃除機をかけるといった家事は，毎日ではないが男の子も女の子も区別なくよく手伝う。

　週末は，長男は中国系のスーパーマーケットでアルバイトをしている。次男は，自動車の運転免許をとるためのレッスンを受けたり，中国系や西インド諸島系の友人と近くの公園でサッカーやテニスをしたりして過ごす。次男と長女は土曜日の午後は，中国語の補習校に行く。また土曜の午前中には，長女に英語の家庭教師が来る。

　L夫人は，2人の息子は，10代半ば頃から父親とはあまり話さなくなったと語ったこともあった。しかし，筆者には，父親と何かわだかまりがあるようにはみえなかった。床やタイルの張り替え等家の改装を，父親と2人の息子が協力して仲良くやっていた。父親は，自分の子供の頃は親はもっと権威を持っていて，気軽に話すことができなかったが，今の子供は親にそういった緊張感をもっていないと語った。時々，L夫妻が筆者に話しかける英語の発音を子供達が直し，親が生徒になって，子供に英語の発音を習うような光景もみられた。

　親子での言い合いはたまにあった。例えば，次男が親に黙ってカードで高いブランド物の服を買ったとか，髪型ばかりを気にして1時間もバスルームに入っていたとか，長男が自動車の運転免許をきちんと取ろうとしないとか，するように頼んだのに掃除機がかけていないとか，テレビばかり見ていると

かといった日常の些細な出来事で言い争っていた。でも，その場だけでいつのまにか終わっていた。これらは，先行研究において指摘されてきたような二つの文化の間にいることによる世代間の「文化的葛藤」ではなかった。どの親子にも多かれ少なかれある親子喧嘩であった。彼らの日常生活の参与観察を通して，L家の親子の関係においては，ギデンズのいう「基本的信頼」[35]があるといえる。

(4) 親の教育への姿勢

L氏は，仕事の帰りが遅く，通常子供達とあまり話す時間はない。子供達の教育に関しては，ほとんど口を出すことはない。ただ，子供達には，自分のコックとしての仕事が台所でずっと立っていて大変であることは，折りに触れて話しているとのことである。長男も次男も，父親の職業だけには就きたくないと語った。

L夫人は，学校での親の集まりにも毎回出席し，子供達の教育には父親よりも関心を払っている。長男や次男の進路決定には，友人でありイギリスの教育制度に詳しい中国語の補習校の校長に相談したりしている。日常生活においては，子供に勉強を強制することはなく，自由にさせている。

彼女は筆者に，自分の友人であるコミュニティ・センターのスタッフの夫婦は，英語力もあり子供の勉強をみてやれるが，自分達夫婦はそれができないと語ったことがあった。だから，長女には，1時間7ポンドで週2時間，英語の家庭教師を頼んでいる。

また，次男は，中国語の補習校の宿題をよく母親に聞くことがあり（補習校に行く直前の土曜日の午前中)，漢字を教えてもらっている。こんな漢字もわからないのかと言い争いになることもあり，それを側で聞いていたL氏は，こんなことなら週に1回の補習校なんかに行かなければいいと呟いていた。筆者は，この光景にはL家の子供の教育をめぐる父親，母親の態度が象徴的に表れていると思う。

この家族の事例は，香港の新界からイギリスへ単身で移住した男性が，イギリスで所帯をもち，そうした家庭で子供達が成長していく日常の一端を示している。

2．マレーシア系の家庭の事例

　この家族（T家）の構成員は，父親と母親，長男（事務弁護士）と長女（中等学校の最終学年）の4人である。筆者は，1989年調査開始当時，カムデン・チャイニーズ・コミュニティ・センターを訪れた際T氏に会って以来，調査の度にチャイニーズ・コミュニティの世話人的存在の彼の協力を得てきた。家庭にも滞在し，参与観察も行った。

(1) 家族の歴史

　T氏は，1959年にマレーシア政府の国費留学生として，イギリスに教師になるために留学した。リバプール大学の教員養成の学部で2年間勉強をした。その後マレーシアに帰国し，当初からのマレーシア政府との契約で，5年間マレーシアで教職に就いた。東マレーシアの中等学校で，英語を含む全教科を教えた。5年間の契約が終わるとすぐに1966年に再びイングランドへ移住し，初等学校で教職に就いた。1970年には，看護婦としてイギリスで働く同じマレーシア出身の中国系女性と結婚した。その後，1985年までの15年間は教師として働いた。その間に2人の子供が生まれる。
　L氏は，1985年に地方政府の職員に転職をし，初めはカムデン地区の，現在はウエストミンスター地区の中国系住民の様々な問題を解決する橋渡し的な仕事をしている。転職当初は，教育関係の問題の解決が仕事の中心であったが，現在では，中国料理店の改装費用のリースとか，ホームレスの人に住居を斡旋したりとか，ビジネスを始めようとする若者に資金を無利子で貸す計画に携わったり，警察関係の仕事に就きたがらない中国系の若者に，この仕事に需要があることを知らせ就職を奨励したりするような仕事，北京とロンドンの交換留学生制度の設立等，広い分野に関わる仕事をしている。
　T氏は，イギリスへ移住する前，マレーシアにおいて中国系の学校に通っていなかった為，第一言語は英語であり，マレー語もできる。中国語は，広東語，北京語，客家語が流暢に話せるが，読み書きはほとんどできない。T夫人は，結婚後は看護婦をやめて専業主婦となり，数年前からは非常勤で通訳の仕事をしている。近年，ロンドン北部のヘンドン地区の閑静な住宅街に

セミ・ディタッチ・ハウスを購入している。大きな裏庭を持つ，四つの寝室のある家である。

T夫人と長女は，年に1回はマレーシアに帰省しているが，彼はほとんど帰省していない。

(2) 近隣の環境

T家は，ロンドン北部のヘンドン地区にある閑静な住宅街の一角にある。主に中流階級以上の居住地である。移民が混ざり合ってカウンシル・ハウスに住んでいるL家の住むトッテンナム地区とは，かなり環境が違う。近所に中国系の家族はほとんどいなく，惣菜や野菜をやり取りするような近隣の付き合いはない。

(3) 日常生活

T家の朝は7時に始まる。朝食と身仕度を済ませて，8時過ぎにT夫妻と長女が車で家を出る。まず長女を中等学校まで送り，T夫妻は車で近くの地下鉄の駅へ行き，T氏だけが降りて，地下鉄でロンドンの中心街へ出勤する。T夫人がその車を運転して家に帰ってきて，家事をする。長男は自分の仕事の時間に合わせて出勤するが，現在は仕事が忙しいため帰宅は深夜である。

夕方になるとT夫人は，車で長女を学校まで迎えに行って，帰宅後，長女は1時間位テレビを見る。その後，7時位に父親も帰り，3人で夕食を済ませる。彼らの会話はすべて英語による。マレーシアの親族が遊びに来ていたことがあったが，彼らとも中国語で話すことはなく，すべて英語で会話をしていた。マレーシアからの親族は，母親の兄弟姉妹である。彼らもかつてはイギリスに留学した経験を持ち，マレーシアで医者や弁護士，企業家として働いている。彼らは，年に一度はイギリスを訪れ，旅行をしたり，女性は終日オックスフォード・ストリートで高級品の買物をしているとのことである。食事は，中国料理のこともあるが，ローストチキン等イギリス式の食事もあるし，箸を使わない。

食事が終わると，T氏に促されて，長女はすぐに，まずピアノの練習を30分する。長女は，ピアノの練習が終わると，今度はすぐに2階の自分の

部屋に上がり，2～3時間，11時頃まで勉強をして就寝する。T氏は，食事後タイムズ（英字新聞）を読んだり，テレビでニュース番組を見たりして，11時には就寝する。T夫人もアイロンがけをしたり，テレビを見たりして，11時頃就寝をする。中国語のビデオやテレビを見ることはほとんどない。長男は，現在は非常に仕事が忙しいので，帰宅が遅いが，今の仕事に就く以前は，夕食時に帰宅することもあり，そういう時は彼が夕食の後片付けをしていた。小さい頃から，夕食の後片付けは彼がするようにしつけられていたようである。

リビング・ルームには，T氏が何かのパーティーでチャールズ皇太子に会って挨拶をしている時の写真や，亡き祖父母や子供達の幼い頃の写真が飾られている。宗教は特になく，T夫妻は，子供達にどんな宗教にも影響されないように言ってきたと語った。

T家の親子喧嘩の場面に筆者は居合わせたことはない。長女は，T氏から長電話を注意された時等は，不満そうな顔をしているが，言い返すことはない。長男も，基本的に親に対して言い返したりすることはない。

また，筆者はT家に滞在中，T夫妻とは面識のない前述のL家に滞在した経験を話したことがある。その時の彼らの反応は興味深いものであった。T夫妻は，揃って筆者に，トッテナムは危険な地域であるから，気を付けなければならないとか，飲食業に携わっている中国人は，夜テレビを見て遅くまで起きていて，朝は起きるのが遅いであろうと言った。そして自分達は彼らとは違って「normal」な生活をしていることを強調した。T夫妻がいう「normal」とは，イギリス社会の中流階級のホワイトカラー層を指しているのである。彼らは，イギリス社会の中流階級[36]の一員としての自分達を意識しているのである。T夫妻は，自分達が中国系であることは認識しているが，L家のような「normal」な生活をしていない飲食業に携わる人達と自分達とは異なっているということを強調したのである。筆者はこの時，中国系という集団の中にある階級意識を感じた。

(4) 親の子供の教育への態度

T氏は，イギリスの大学に留学をした経験を持ち，第一言語は英語なので，

イギリスの教育システムについてはよくわかっていて,それを子供への教育に生かしている。長男には,現在は廃止されたが私立学校の奨学金制度の試験を受けさせている。長男はそれに合格して,イギリスの伝統的な私立学校に通った経験をもつ。T氏は,長女には長電話を厳しく禁止し,どんな友達と付き合っているかにも注意を払っている。子供達が毎日,だらだらとテレビを見たりして過ごすことのないように,厳しく生活を律している。長女を北京語の補習校に通わせている。

長男は,事務弁護士の資格を取った後,2年位就職ができなかった時期があった。そんな時は,T氏が夜間の大学院に行くように勧めたり,色々相談に乗っていた。

以上本章においては,正規の学校,中国語の補習校,コミュニティ・センターや家庭という中国系の子供を取り巻く四つの教育機関において,どのような教育が行われているのかを,観察者として包括的に記述した。第二世代のアイデンティティは,こうした環境の中で形成されるのであるが,こうした背景が彼らのアイデンティティのあり方を決定するわけではない。次章では,こうした背景の中で,個人がエージェンシーとしていかに自らのアイデンティティを形成しているのかを,語りを通して記述する。

注

1) 教育政策の変遷についての記述は,主に以下の文献を参考にした。
 Tomlinson 1983：16-26,成宮 1985：29-51,G.B.Parliamnet 1985 b：191-228.
2) 教育科学省は,分散政策が人種差別的政策であるという批判が高まったので,1971年の白書で撤回した。小口は,最大規模でバス通学を実施したイーリング地方教育当局を事例として取り上げて,それが廃止されるまでの経緯を検討している（小口 1986）。
3) 西インド諸島系の子供達が,「誤って」知能障害校に入れられたかどうかの判断は,児童の能力を測る基準などが問題になり難しい。1981年の教育法によって子供が特別なグループに入れられることに反対する権利が親に与えられたことによって,言語能力や文化的差異のために特別学校に入れられる危険性は減少した。
4) Department of Education and Science, The Committee of Inquiry into the Education of Children from Ethnic Minority Groups, *West Indian Children in Our*

Schools, HMSO, 1981.
5) Department of Education and Science, *Education in Schools—A Consultative Documents,* HMSO, 1977.
6) Department of the Environment, *A Policy for the Inner Cities,* HMSO, 1977.
7) 英語についても中国語についても，会話能力と読み書き能力に分けて，それぞれ5段階に分けている。会話能力については，第1段階は基本的な日常会話ができる段階であり，第5段階は様々な社会的コンテキストに合わせた効果的な会話ができる段階である。読み書き能力については，第1段階は簡単な看板や表示が読める段階であり，第5段階は書き言葉が要求されるどんな仕事もきちんとできる段階である。
8) カムデン・チャイニーズ・コミュニティ・センターに併設されたものである。筆者が1990年3月5日に訪問した時は，2歳から5歳までの中国系の子供15人と，中国系の教師3人と，給食を手伝う人1人がいた。なぜ中国語の幼稚園に通わせているのかという筆者の問いに対して，イギリスへ来て12年になるという1人の親は，家で広東語だけで話しているので，英語ばかりの環境に入れるのはかわいそうだと思ったと答えた。
9) 移民前の香港における英語教育について触れておきたい。香港の教育システムについて，ルックは，イギリスから採用された部分もあるが，大部分は独自に香港で生み出されたものであり，教師や生徒や親が学校のシステムに抱く精神といったものは，中国の伝統から受け継がれたものであると述べている（Luk 1989：151）。香港の初等学校では，教授語は広東語である。中等学校の9割は，教授語が英語であり，広東語を教授語にしている学校は1割にすぎない。これから判断すると，香港では9割の子供が中等教育のレベルから英語で教育を受けているので，香港の中等学校から英語圏へ移民してきても英語力にそれ程問題がないことになる。しかしながら，実際は，1970年代に初等・中等教育が普及して以来ずっと，たとえ英語を教授語にしている学校でも教科書や試験用紙が英語であるだけで，教授語は広東語であるとルックは指摘している（Luk 1989：155）。それゆえ，初等学校レベルでも中等学校レベルでも，初めてイギリスに来た子供は，英語力がなく第二言語としての英語教育が必要なのである。
10) ウォンの取り上げた事例は，12歳で香港からイギリスに移住してきた少女である。イギリスに来た当初，3ヵ月間語学センターで英語を勉強した。彼女は，香港ではまだ初等学校の5年生であったが，年齢によってイギリスの中等学校の2年生に編入した。努力しても，勉強に追い付けず，4年後には家出をしてしまった（Wong 1988：93）。
11) スワンレポートにおいても，地方教育局による第二言語としての英語教育が様々な形態をとっていることが指摘されている（G.B.Parliament 1985b：387-388）。例えば，多くの学校を巡回する特別なスタッフの雇用とか，学校とは別の語学センターの設置等がある。またスワンレポートは，伝統的に第二言語としての英語教育が，専門家のみに責任のあるマージナルなものとして捉えられてきて，通常の先生たちの責任外のものであり，正規の授業の一部としては考えられていなかったことを指摘してい

る。
12) 酒井は，母語から始まって，母国語，そして国語に至るまで，それらの統一体は言説において設定されたものであり，母語という考え自体が歴史化されなければならないと述べている（酒井 1996：34）。ここで，母語というのは，酒井の提起している議論にまで踏み込まず，mother tongue の訳語として，家庭で話されている言語という意味で使う。
13) Department of Education and Science〈DES〉, *A Language For Life*〈*Bullock Report*〉, London, HMSO, 1975.
14) 第1回目の訪問は，1990年2月26日。第2回目は，1993年9月29日。第2回目の訪問時の中国人教師の話によると，内ロンドンにおいて中国人教師のいる中等学校は6校である。
15) ロンドン大学やアベリーヒルカレッジでは，1980年代前半にコミュニティ言語の教師資格を取得するためのコースが開設された。しかしながら，このコースの志願者は少なく，たとえばロンドン大学では，1986年から1987年の間に中国語教師のコースには誰も志願しなかったのが実状である。
16) 筆者は，チャイニーズ・コミュニティ・センターの主催する初等学校での中秋祭を見学した（1993年9月29日）。お面作り，書道，切り絵，中国楽器の演奏等のコーナーが設けられ，各自自由に参加できるものであった。参加している子供の中には中国系第二世代の子供も混ざっていたが，彼らの方が他の子供よりも，それらに特別馴染みがあるというわけではなかった。
17) 1987年から1990年の間に香港からメトロ・トロントの公立学校へ入学した生徒は，初等学校には4,069人，中等学校には5,826人である（Lee P.L.M 1991）。近年の香港からの移民が多く住む，郊外のスカーボロー地区やさらに北のユニオンビル地区等にある学校においては，全校生徒の半数から6割位が近年香港から移民してきた子弟が占めている学校もある。
18) カナダはいち早く多文化主義を国の政策として取り入れた国である。1969年に二言語主義二文化主義王立委員会の第四の勧告が出されてから，各民族集団の文化的特徴も尊重しようという方向に向かう。1980年代になると従来の各民族集団内での個別的な多文化主義から，国民全体のものにするような統一的多文化主義へと転換している（関口 1985：159-180）。カナダの教育制度は州管轄であり州によって異なっているが，オンタリオ州は多文化主義の学校教育導入の指導的役割を果たしてきた。
19) しかし，もっとも新しく移民したバングラディッシュ系の子供に関しては，生徒の過半数が，中等学校へ途中から入学しているため，英語力がきわめて低く，低学力の問題を抱えていることは否定できない（川野辺 1992）。
20) 失業率については，25～39歳の中国系男性は11.4％，中国系女性は5.1％（白人男性は10.2％，白人女性は6.1％），40～49歳の中国系男性は3.3％，中国系女性は7.7％（白人男性は7.5％，白人女性は4.1％），50～59歳の中国系男性は15.7％，中国系女性は6.6％（白人男性は10.7％，白人女性は5.5％）である（Owen 1994：21）。

21) London Kung Ho Association Chinese School についての記述は，London Kung Ho Association 1985 による．
22) 校長である李博士へのインタビューは，1993年9月19日．
23) 香港政庁の事務官へのインタビューは，1995年9月19日．
24) 1977年以来 Chinese Chamber of Commerce UK Chinese School は校舎をもっているが，それ以外は独自の校舎を持っていない．
25) この学校の訪問は，1990年5月である．
26) 北京語を教えている補習校では，もう1冊台湾政府出版の海外向け用の教科書を使っていた．
27) 柿沼は，「伝統的な氏族の組織もやはり60年代から70年代にいくつかつくられてはいるが，在英中国人の日常生活の中では，世界の他の地域に住む華僑の場合と較べて，それほど重要な役割は果たしていないといわれる」と述べている（柿沼 1992：303-304）．
28) スタッフは，香港からの留学生，イギリス生まれの中国系第二世代，またシンガポールやマレーシア出身の中国系の人である．
29) ビクトリア&アルバート博物館では，教育部門で中国人職員を雇って，書道や切り絵やお面作り等を体験できるプログラムを企画している．
30) バーミンガム中国系青年プロジェクトの活動に実際に加わっていたパーカーは，活動の過程で，黒人の青年に会員権を与えるかどうかをめぐって議論となったこと等を取り上げ，「戦略的本質主義」（strategic essentialism）の孕む緊張についても考察している（Parker 1995：227）．
31) バドミントンは，中国系第二世代の間で一番親しまれているスポーツである．コミュニティ・センター等に組織されているわけではなく，親しい者同士で集まって，週末にバドミントンを楽しむ中国系第二世代は多い．
32) 民族集団別の少なくとも1人は受給者のいる家庭の平均収入は，白人：395ポンド，西インド諸島系：327ポンド，南インド系：367ポンド，アフリカ系アジア：380ポンド，パキスタン／バングラディッシュ系：245ポンド，中国系413ポンドである（Modood and Berthoud eds. 1997：157）．中国系は，白人よりも平均収入が高く，L家は，中国系の平均よりも高いことがわかる．
33) 中国系の人は，他のイギリス人よりも携帯電話の普及が早かったとのことである．中国系の人々のネットワークでは，何かが流行すると普及が速い．例えば最近では，家の床を絨毯を剥がして板張にするのが流行っていて，筆者の訪問した家は，ほとんどが同じ板のパネルを使って張り替えていた．
34) 香港の新界の村落は，父系親族集団である「宗族」を中心に形成されてきたことは，フリードマンや瀬川によって指摘されている（フリードマン 1987，瀬川 1989）．そして，家族形態は拡大家族が多く，息子と父の関係を軸に「男性と老人の優越性」を強調する階層的家族関係が中心になっているといわれている．しかし，L夫妻の場合，夫が妻よりも優位にはないことが，この語りに示されている．
35) ギデンズは，常に選択を迫られるような不安を内包している現代社会において，自

己アイデンティティを安定的に保つには，子供時代における主要な養育者（親である場合が多い）との間の信頼関係（ギデンズは，これを「基本的信頼」と呼んでいる）という存在論的な安定が重要であることを指摘している。この基本的信頼が，日常生活のプラクティカルな行動において自己の安定を脅かすような危険を取り除き（Giddens 1991：54），外部の世界，つまり他者との関係を安定的なものとして経験させると述べている（Giddens 1991：51）。意味を認識する枠組みは，感情的なレベルと結びつかないとこのような信頼を生み出すことはできなく，基本的信頼は，他者や自己に対する感情的な志向と認識的な志向を結びつけ，それによって創造性が生み出されると指摘している（Giddens 1991：40-41）。

36) 中流階級の中でも「ロウアー・ミドル・クラス」といえる。新井は，「ロウアー・ミドル・クラス」という存在，彼らの存在に対するまわりの反応，そして彼らの固定観念は，イギリス人の階級観や階級に関するこだわりがはっきり現われる部分であると指摘している（新井 2001：vi）。戦後に流入したエスニック・マイノリティも様々な形態でイギリスの階級社会に参入しているといえる。

第4章

語りにみるアイデンティティ形成過程の特徴

　本章では，筆者と中国系の若者31名一人ひとりとの対話から生み出された語り[1]を通して，彼らの自己アイデンティティ形成過程を検討する。思春期以前，思春期，高等教育の期間，就職後の四つの段階に分けて，それぞれの段階において，アイデンティティ形成に影響を及ぼしたと考えられる特徴的局面を取り上げ，それらを彼らの語りを通して記述する。それによって，インタビュー対象者31名（参照：参考資料209頁）のアイデンティティ形成過程を束ねた形で，各段階の特徴を描き出すことを試みる。

第1節　思春期以前

　この節では，思春期以前（10歳以前）の時期について，家庭生活や学校生活の回想を通して記述する。さらにいつ頃から，何によって「中国人である」とか「イギリス人である」という意識を持つようになったのかという文化的アイデンティティの形成について検討する。

1．家庭生活 ── テークアウェイ・ショップの片隅で

　筆者は，「あなたの幼い頃の家庭生活は，どのような様子でしたか。思い出すことがあれば，何でも語ってください」と質問した。

　Evaは，幼い頃のテークアウェイ・ショップでの生活を，匂いや薄暗く暑かったという感覚を通して回想した。

　　Eva「4時頃学校が終わると一旦家に帰り，5時頃両親の働くテークア

ウェイ・ショップに行って，夕食を食べて，宿題をして，いや，宿題をしてから，本を片付けて，父が作った夕食を食べた。夕食が終わると，テーブルをきれいにして，また勉強をした。そして，夜8時頃になるとバスに乗って，家に帰った。毎日。学校が終わってもテークアウェイ・ショップにすぐに行きたくなかった。台所に座っているのって，本当にいや。食物の匂いがして，いつも料理をしていて忙しく，暑くて，明かりが薄暗くって。人が歩き回っていて騒々しくて，本当にいや。だから，私は学校が終わっても，すぐに行きたくなかった。」

KarenとJudiも，同じような家庭生活の様子について以下のように語った。

Karen「学校が終わると自宅から少し離れた両親の働くテークアウェイ・ショップに行き，手伝いながらカウンターの角で4人の兄弟と共に夕食を済ませて10時頃帰宅した。両親は自分達兄弟が眠った深夜12時半頃家に帰り，朝は遅くまで寝てて。自分達で朝食を作って食べて学校へ行くという毎日でした。」

Judi「テークアウェイ・ショップの2階に住んでいて，夕食の時だけ下のお店に降りていって食べて，食べ終わるとまた2階へ上がってきて，兄弟だけで遊んだりテレビを見るだけの生活。両親が，自分達と一緒にいて本を読んだり，私に何か教えてくれるというようなことはなかった。」

これらの語りは，親がテークアウェイ・ショップで働いていて忙しく，子供の生活は，忙しい親の生活の片隅で営まれていたことを示している。彼らは，そうした生活の中で，親にかまってもらうことのない淋しさを感じていたこと，親がお金儲けにしか関心のない事について以下のように語った。

Judi「この国生まれの中国系の子供の親の多くは，テークアウェイ・ショップを営んでいるので，子供のことを考えてやる時間がない。だから子供達は，自分達が脇に追いやられているようで，いつも外出したくなる。私は，自分の両親が，私の幸福についてなんて何も考えていないと感じていた。だから両親との間には溝がある。両親は，私にとって非常に重大なことでも，人(person)としての私に何が起こっているかなんて，気にしていなかった。両親は，お金を儲けることにしか関心がなかった。それが，彼らの生き方なんだと思う。」

Eva「家庭生活はちっとも楽しくなかった。幸せな思い出は，祖母の事以外何もない。香港で私を育ててくれた祖母を，私はいつも愛していた。祖母は私に語りかけてくれたけれども，彼女が亡くなってからは，両親は私をそんな風には扱ってくれなかった。私は，自分の事を不幸せな子と思っていた。私の両親は，テークアウェイ・ショップで働いていて，いつも夜中の12時までは働いていたので，私はほとんど両親と顔を合わすことがなかった。幼い頃は，学校から帰ると，弟や妹の面倒をみて，料理を作った。中等学校の頃は，学校からすぐに店に行って，宿題をして，8時頃にバスに乗って家に帰って寝るという生活で，生活らしい生活ではなかった。父は仕事第一で，子供や家族，家庭生活は二の次だった。父は，決して店を閉めることはなく，家族を休日にどこかに連れていくことなんてしなかった。父は，一日たりとも休まなかった。私達は，楽しむように育てられたのではなくて，働くように育てられた。お金を稼いで節約する。ビジネスが何よりもまず先で，私は，父が人生を楽しんでいるとは思えない。父は，仕事，仕事，仕事。だから幸せな思い出ではない。」

このような生活の中で，子供達は，親とほとんど会話することもなく，中国語を話すこともできなくなったことを以下の語りは示している。

Karen「両親は客家語を話すが,私は客家語を話すことがあまりできない。それは,私が子供だった頃,両親はいつもテークアウェイ・ショップで働いていて,あまり話をしていないから。私は,いつも兄弟だけで,店の2階にいた。今の方が両親と会うことも多いけれども,学校に通っていた頃は,ほとんど顔を合わせなかった。なぜなら,私は4時過ぎに学校から帰ってくるけれども,両親は5時から働かなくてはいけなくて,夜の11時か12時に仕事から戻る時には私はもう寝ていたから。」

Simon「両親は,英語が話せないし,仕事で遅く,ほとんど話す機会はなかった。自分が将来家庭をもったら,もっと色々話せて,コミュニケーションのできる家庭にしたい。」

他の4名も,親が仕事で忙しく,小さい頃からあまり話す機会がなかったために,中国語をほとんど話すことができないと語った。このような家庭生活や親子関係の特徴は,テークアウェイ・ショップを営むほとんどの家庭において指摘でき,中国系の子供達の自己形成に影響を及ぼしている。

しかし,テークアウェイ・ショップを自営していない場合もあり,Helenは,母親が家にいる自らの家庭を「普通の家庭」として捉え,以下のように語った。

Helen「両親は,英語があまり話せなかったので,宿題を手伝ってはくれなかった。できなかったのよ。だから沢山宿題があるときは大変だったけれども。でも自分の家は普通の家庭だったと思う。そんな所へ行ってはだめとか,そんな服はいけないとか,まあ,そんな事を言われたりしたことはあったけれども,基本的には私はとっても幸せで,とても良い家族だったと思う。」

Helenがここでいう「普通の家庭」とは,テークアウェイ・ショップを営んでいない家庭という意味であり,テークアウェイ・ショップを営んでいる

家庭のもつ特徴も知った上で，そうした中国系の家庭のもつ特徴を持っていないことを「普通の家庭」として語っている。

2．学校生活と差別の経験

ここでは，学校での生活をどのように回想しているのかを記述する。筆者は，インタビュー対象者が通った学校の種類[2]や学校内での中国系の生徒数，学校生活が楽しかったかどうか，差別やいじめ等を経験したことがあるかについて質問をした。特に，学校生活における差別の経験が，「中国人であること」を意識することに繋がっている者もいる。以下，差別の経験の多様性を語りに基づいて記述し，そうした経験がアイデンティティ形成といかに結びついているのかを検討する。

Karen は，小さな街の白人が多数派を占める公立の初等学校に通い，差別された経験について語った。

> Karen「初等学校には，自分以外だれも中国人はいなかった。だから学校ではすごくいじめられた。5歳から7歳位が一番いじめられたけど，大きくなるにつれて，少なくなった。いじめられたことは，とてもつらい思い出。住んでいた所がとても貧困な地区であることもあったと思う。1人の少年に髪をひっぱられたので，私は，休み時間の世話をする給食係の女性に助けを求めたけど何もしてくれなかった。だから私は，先生の所に行こうと思った。先生は，きちんとした人で，差別をしてはいけないとクラスで教えていたのだけど，その時また皆に話してくれた。とってもいい先生だった。」

パーカーは，194名の中国系の若者への質問紙調査から，64％に当たる125名が，'Chinese' とか 'Chink' あるいは 'Chinky' 等という名前で呼ばれたり，顔を引っ張られたり，肉体的ないじめ等を受けたことがあると述べている（Parker 1995：106）。

このような人種差別を受けた経験に対して，上記の Karen の場合は，先生に助けを求めているが，多くの場合は，無視することによって抵抗してい

る。

 Sonia「先生から差別されることはなかったのですが，時々'Chinese'と他の生徒から呼ばれたりしたことはありました。なぜなら中国系の生徒は多くなかったから。そんなことをして，喜んでいるような子達もいました。」
 筆者「そういう時にはどのように感じましたか。」
 Sonia「私は，無視しようと思いました。そういう子がいる限り，どこでもこういうことはあるので。そういった愚かな子達もいるから。彼らは，私が1人で遊んでいる時を狙って，そういう事をして私に反応してほしかったのです。もし，私が彼らに反応すれば，彼らを喜ばせるのです。だから，私はそのまま遊びを続けて，無視したのです。」

 また，イギリスの伝統的な白人が多数派を占める私立学校でいじめを受けたと語ったMartinは，勉強をすることによってそれに対抗している[3]。

 Martin「人種差別がなかったといえばうそになります。ほとんどがよくあるくだらないことなんだけど。財布がなくなってしまったので，友達に聞いても誰も教えてくれなかったりしたこともありました。スタッフに文句は言ったんだけど。ひどい怪我を負わされた時のことは，つらい記憶として残っています。その時は父が校長の所まで文句を言いに行ったけど，校長は父の言うことを信じようとはしなかったのです。校長は，うちの学校の生徒がそんな悪いことをするはずがないと言って，学校外でされたのでしょうと言ったんです。校長は白人で，共感を得ることなんてできなかったのです。」
 筆者「その時，あなたはどう感じ，どのように振るまったのですか。」
 Martin「私は，かなりちゃんとした気分でしたよ。その日は学校が終わるまで，ずっとそこにいて勉強をしました。私は，喧嘩をするというようなことはしなかったのです。勉強をし続けて，自分の感情

を静めようとしたんです。もう今では，古い過去のことですけど。」

以上の語りが示すように，中国系の子供は，学校に同じ中国系の子供があまりいないので，集団では抵抗できずに，無視をしたり，勉強をするという個人的な抵抗の戦略に頼っている。また1人で喧嘩をすることによって，差別に対抗しようとした者もいる。

> Alice 「中等学校は女子校で，大多数が白人の中流階級の少女達で，私だけが中国人でした。白人の少女になぜか妬まれて，いじめられたりして，1年目，2年目はとても辛かった。でも，3年目にその子達と喧嘩をして，それ以来本当の友達になれて良かった。」

パーカーは，アイデンティティ形成の多様性を，人種差別に対する抵抗の戦略の違いによって説明している[4]。しかし，筆者は，人種差別の経験がアイデンティティ形成に多様性を生み出すのは，それに対する抵抗の戦略の違いではなく，自分が「異なっている」という差異の意識との結びつけ方の違いであると考える。つまり，差別の経験とアイデンティティ形成との関係で重要な点は，差別という他者として差異化されるという経験によって，それを個人がどのように自らが「異なっている」という意識に結びつけるのか，あるいは結びつけないのか，つまり自らを差異化するかしないかにあると考える。

前述のKarenの場合は，白人ばかりの小さな街の学校で差別を経験することによって，それまで意識することのなかった，自分が「異なっている」ということを認識し，それが「中国人としての自分」を意識することに繋がっている。逆にMartinの場合は，差別の経験を自分が「異なっている」という意識に結びつけてはいない。つまり，他者として差異化されても，自らを差異化していない。また下記のJennyの場合は，実際に差別を経験していないのであるが，自分が異なっていて「中国人であること」を意識していることによって，人から他者として差異化されることをいつも恐れていたと語っている。

Jenny「特別な出来事はなかったのですが，いつも何かされるのではないかと心配していました。なぜなら自分が中国人であることを知っていて，人からからかわれることがわかっていたから。だから，いつも誰かにからかわれることを恐れていたのです。だから私は，常に静かにしていました。実際は何も起こらなかったのだけれども，いつも恐れていたのです。」

　上記の Jenny の語りは，自らを差異化するという「異なっている」という意識が，他者の眼差しを意識することに関わっていることを示している。Jenny は，中国人である自分を，「人からからかわれる」と捉えている。これは，中国人として自らを差異化することが，他者の眼差しを意識させるからであり，他者として差異化されることも恐れさせたのである。

　差別の経験とは，他者として人から差異化されることであるが，Karen の場合は，それによって他者の眼差しを意識し，自らを差異化しているが，Martin の場合は，他者の眼差しをはねのけ，自らを差異化していない。Jenny の場合は，自らを差異化することが他者の眼差しを意識させ，それによって他者としていつ差異化されるかを恐れていたのである。

　また以下の Eva や Paul の場合は，中国人であるからいじめられたのではなく，「異なっていること」によっていじめられたと語っている。

Eva「白人が多数派の初等学校に通ったけど，私が中国人だと言って，いじめる子がいた。名前を呼んでいじめるのよ。でも，中国人であっても，インド人であっても，黒人であっても，太っていてもいじめられたのよ。基本的にはすべての子供がいじめを受けている。だから，中国人であるということだけではない。」

Paul「初等学校では差別されたことはあったけれども，大きくなるにつれて，少なくなった。中国人であるから差別されるというよりも，中国人であることも，黒人であることも同じで，ただ両方とも異なっているということによって差別されたのだと思う。いつも差別

第4章　語りにみるアイデンティティ形成過程の特徴

された人とそうでない人がいた。」

以下の語りも，自らが差異化される根拠が「中国人であること」にあったとは考えていないことを示している。

　Simon「差別されたことはあるけれども，それは自分が中国人であるからではなく，体が小さかったからだ。」

　Sui 「私立の小さな学校に通ったけど，僕がよく勉強をできるのを羨んでいる人に，差別された経験がある。」

　Helen「人種差別というよりも，私は太っているとかブスとかそういうことを言われた。子供ってそういうことを言うでしょ。冗談で差別用語みたいなのを言われたことがあったかもしれないけど，そんなにたいしたことはなかった。」

また，文化的背景の異なる子供を多く抱える学校に通い，人種差別の経験もなく，学校が楽しかったと語った者もいる。

　Eva, Eddie, Flora 「差別された経験なんて全くなくって，学校生活はとても楽しかった。」

　Jean「公立の初等学校にはあまり中国系はいなかったけど，南アジア系等の他のマイノリティの子はいた。中国系であることをからかわれたりすることも多少あったけど，冗談のようなもので，深刻なものではなく，学校生活は楽しかった。」

　May「マルティ・カルチュラルな公立学校は，とても楽しかった。学校では，何回かはいじめられたことはある。でも学校は厳しくなくて，他のマイノリティの子達が沢山いて，皆が仲良くすることを強調し

ていたので，差別は他の学校よりも少なかったと思う。学校は，子供を人（person）として扱っていたと思う。」

Kwok「学校には中国系は少数だったけど，とてもマルティ・カルチュラルな学校でアジア系，インド系，黒人，トルコ系，ギリシャ系，白人とすべてが混ざっていたので，人種差別はほとんど感じたことはなかった。」

以上のように，学校における差別という他者として差異化される経験のされ方は，個人によって多様で，またそうした経験を通して自らを差異化するかしないかに，エージェンシーとしての個人の主体性があるといえる。

3．文化的アイデンティティの形成

筆者は，個人の自己アイデンティティ形成過程において，いつ頃から，何によって「中国人である」とか，「イギリス人である」というような意識をもつようになったのかを質問した。多くの者が，まだ10歳以前には「中国人である」とか「イギリス人である」というような意識は持っていなかったと語った。なかには7，8歳の頃にそうした意識を持ったと語った者もいるし，小さい頃からずっと自分が「中国人である」と思っていたと語る者，思春期以前には「イギリス人と同じである」と思っていたという者，小さい頃には「中国人である」というような意識はなかったけれども，自分が異なっていることは感じていたと語った者，自分は異なっているから，他の人と同じになりたいと思っていたという者もいる。しかし10歳頃には，ほとんどの者（Martin以外）が，自らを中国人として意識したと語っている。

箕浦の研究は（箕浦 1984），ロサンゼルスの在留邦人子女の文化的アイデンティティの形成について，実際に何歳頃に外在する意味空間の体系を摂取し，文化的アイデンティティが形成されるのかを問題にし，文化文法体得の臨界期を9歳頃より14，15歳頃としている。しかし，本書においては，箕浦のように実際何歳頃から文化的アイデンティティが形成されたかを問題にするのではなく，個人の回想に基づいた語りにおけるリアリティを捉えたい。

第4章　語りにみるアイデンティティ形成過程の特徴

　Martin 以外の者は，10歳頃には自らを中国人として意識したと語っている。彼らの中には，中国人としての意識を肯定的に形成している者もいれば，否定的に形成している者もいる。ここでは，彼らが「中国人であること」をどのように意識するようになったのかを検討したい。
　Sonia は，自らが「中国人であること」を「異なった文化」を持っていることを意識したことによって説明している。

> Sonia 「5歳位の時は，ただ一緒に遊んでいるだけで，異なった文化を持っている人もいるなんてわからないけれども，7，8歳になる頃から，他の文化を持つ人もいて，異なった生活様式を持っていることがわかるようになった。5歳位までは，皆同じことをしていて，異なっていることがわからない。でも7歳頃になると，イギリスにいても皆が文化を持っていることがわかるようになった。」

　Helen の場合，自分の背景にある「自分の文化」を初等学校の頃は否定し，例えば広東語を話せることを学校では隠していたが，中等学校になると，それを肯定的にとらえるようになったと語っている。

> Helen 「10代の初め頃，自分が中国人であることがわかった。私は自分の文化があることがわかった。自分が中国人であることを本当に理解して感謝して，異なっていることがいいことだと思うようになった。友人は，中国語を話せなくて，英語を話すけど，私は，英語と中国語の両方を話すことができる。これは，特殊なことだと思う。初等学校の頃，私は，イギリス人の友人の前で広東語を話したくなかった。なぜなら，皆が英語を話すので，他の言葉を話しているのがおかしいと思っていたから。中国語を話すのは，家や学校の外や，中国語の補習校だけだった。でも中等学校になると，クラスにいる中国人の友人と，皆の前で沢山中国語を話すようになった。」

　Alice は，「中国人であること」を意識するようになった過程を以下のよ

うに語っている。

> Alice 「私は，共同住宅で育ったのだけど，そこには，浴室とトイレを共同で使っていた二人姉妹のいるギリシャのサイプロス系の家族がいました。何歳頃だったのかよく覚えていないのだけれども，そのサイプロス系の子供達と遊んでいた頃，自分が中国人であることを意識したのではないかと思います。その子供達は，中国語が理解できなくて，私は，彼らが両親に話しかけるギリシャ語が理解できませんでした。私たちは違った食物を食べていて，彼らは中国料理が好きと言っていました。そうしたことすべてによって，私は，自分よりも大きい集合的アイデンティティ，それは自分で実際にコントロールすることのできないものなのですが，そうしたものに自分が属していることを意識しました。」[5]

また，Judiは正規の学校で中国語のレッスンを受けたことによって，Kwokは中国語の補習校に通ったことによって，自らが「中国人であること」を意識したと語った。

> Judi 「とても小さい頃から自分を中国人として意識していたと思います。多分7歳位の頃からかな。なぜって7，8歳の頃から，通っているイギリスの学校で中国語のレッスンを受けるようになったからです。」

> Kwok 「父が私に，中国語を教えてくれたりしていたけど，私が中国人であるということを初めて意識したという記憶は，おそらく中国語の補習校に通い始めた頃かなと思うな。とても幼い頃，4，5歳の頃かな。中国語の本を持って，そこには漢字が書いてあって，先生も中国人で，そういうことから自分が中国人であることを意識したんじゃないかな。」

第4章　語りにみるアイデンティティ形成過程の特徴

Paulは，自らの容姿によって，異なっていることを意識したと述べた。

> 筆者「何があなたに中国人であることを意識させたのですか。」
> Paul「鏡だよ。外見が違って見えるから。これは，とても明らかな特徴だ。子供の頃は，違っていないことを願うけれども，大きくなるにつれて，異なっていることを必ず感じなければならないんだ。」
> 筆者「それは何歳位の頃ですか？」
> Paul「おそらく10代の前半だと思う。もっと幼い頃はそんなことは考えなかったけれど，大きくなるにつれて意識するようになった。」

また，以下の二つの事例においては，「イギリス人であること」と対比されて，「中国人であること」が否定的に捉えられている。EvaとJennyは，家族で外出したりして楽しそうなイギリス人の家族に対して，自らの家庭環境の不満を「中国人であるから」と語っている。

> Eva「私は，いつもイギリス人であればなあと思っていた。なぜなら，イギリス人の友達は，皆両親がプレゼントを買ってくれたり，外出したりして楽しそうで，とっても幸せそうにみえたから。私の両親は，私たちをどこかへ連れていってくれることもなかったし，プレゼントもなかったし，楽しんだこともなかった。それが中国人の家族だと思うと，そうした家族の中にいたくなかった。」

> Jenny「両親が私に中国人であることを意識させた。両親はテークアウェイを営んでいて，私たちをそこで働かせたのですが，学校にいる他の子でそういうことをしている子は，1人もいなかった。イギリス人の子は，皆週末には友達同士遊びに行ったりしていたけど，私たちは店を手伝わなくてはいけなかったので，彼らとは違うんだと感じた。友達と週末に買物に行きたいと親に言っても，店を手伝いなさいと言われた。また，両親は英語が話せないので，壁があって，自分が異なっていることがわかった。」

以上から，彼らは，家庭生活のあり方や両親，中国語の学習，あるいはそういった自分を取り巻く「文化」，または容姿によって，自らが「中国人であること」を意味づけ，それを否定的に捉えている者もいることがわかる。

では，「イギリス人であること」は，いつ頃，どのように意識しているのであろうか。

Sonia の場合は，7，8歳の頃に，自分の家族が異なった生活様式をもっていることによって「中国人であること」を意識したと語ったが，同時に「イギリス人であること」も意識したと以下のように語った。

> Sonia 「7，8歳頃になると，私は，自分の事を中国人として意識するようになったけど，イギリスにおいて権利を持っていることも同時に意識するようになった。言うなればイギリス市民であることを感じたのだと思う。私の出自は，中国人であるけれども，私は，平等の権利があるイギリス人でもあって，7，8歳の頃に，自分を西欧人と平等なものとして捉えていた。」

この Sonia の語りは，自らが「イギリス人であること」を，「イギリス社会において平等の権利をもつ者」として捉えていることを示している。

Alice は，中国人であるという意識は 10 歳以前にもっていたが，10 歳以降になって，イギリス人としての自分を意識したことを以下のように語った。

> Alice 「私は，中国人としてのアイデンティティよりも遅く，市民権やパスポートやナショナリティ，あるいは人種とナショナリティとの違いについて理解できる年齢，おそらく 10 歳頃に，自分がイギリス人であることを意識したと思うのです。幼い頃は，私は自分を中国人であるといつも思っていて，もうひとつの唯一の選択はイングランド人（English）であって，私は白人ではないことを知っていたのです。人にどこの国の出身かと聞かれると，〈半分は中国で，半分は香港で，でも私はここイングランドで生まれたのよ〉と答えていました。私は自分が『イギリス人性（Britishness）』に目覚

た状況をよく覚えていないのですが，私は，1人のイギリス人の大人（恐らく先生だったと思うけど）との会話についてはよく覚えているのです。彼は，私がイングランドに生まれても，イングランド人（English）にはなれないけれども，この国に属しているのだから，イギリス人（British）なのだと説明してくれたのです。それによって，自分は外国人ではないことがわかってとてもうれしかったのを認めなければいけません。〈自分の国へ帰れ〉という人種差別的な言葉を斥けることのできる正当性を得たのです。私は，自分がイギリスに属していることがわかればわかるほど，自分にイギリス的な文化遺産を見いだし，学び，有り難いと思い，自分がイギリス人であることを誇りに思い始めたのです。」[6]

このAliceの語りは，「イギリス人であること」を「白人であること」ではなく，「社会を構成する一員である」とその意味を読み替えることによって，自らをイギリス人として位置付けるようになった過程を表わしている。

第2節　思春期

本節では10歳頃から16歳で高等教育に進むまでを思春期として捉え，第一に，思春期に悩みを経験した者の語りを通して，その悩みがどのようなものなのか，第二に，この時期に外出することが多くなったりすること等によって顕在化する親子の葛藤を語りを通して検討する。そして，これら思春期に特徴的に表出する，思春期の悩みや世代間の葛藤が，いわゆる二つの文化の間にいることによる「文化的葛藤」によるものなのか，そうでなければどのようなものなのかを検討する。

1．アイデンティティの危機とは何か

インタビュー対象者31名の内5名は，10代前半から15，6歳の頃に（ここでは思春期と呼ぶ），何らかの悩みを経験したと語った。そして5名共，高等教育機関に進む頃にはこの時期の悩みを抜け出していた。以下，彼らに

よって経験された悩みがどのようなものであったかを，5名の語りを通して検討したい。

Jennyの場合は，13歳から16歳の頃まで，学校も楽しくなく，自分にとってとても辛い時期であったと語った。

> Jenny「他のイギリス人の友人は外出できても，自分は親のテークアウェイ・ショップを手伝わなくてはならず，なぜ自分だけがそうしなければいけないのかとてもいやで，学校生活も楽しくなかった。」
> 筆者「なぜ，楽しくなかったのですか。」
> Jenny「その年齢になると，自分が中国人であることをより意識するから。つまり異なっていることがわかるから。」

また，彼女は以下のようにも語った。

> Jenny「私は，自分が中国人であることを知っていて，それは，両親にあなたは中国人であるといつも言われたから。でも，イギリスの学校に行くと，皆イギリス人で。私は混乱して，どちらの面が自分なのかわからなかった。」

彼女は，10代になって，自分が店の手伝いをしなくてはならず，他の友人のように外出することもできないことを，「中国人であるから」と否定的に捉えている。それは，両親に「あなたは中国人である」といつも言われ，「中国人であること」は「親に従い店の手伝いをするべき」と押しつけられたからである。また，他の人に差別されるのではないかといつも恐れていたと語ったのであるが[7]，他者の眼差しを恐れることによって，さらに「中国人であること」から逃れることができなくなるのである。彼女は，親から押しつけられた「中国人」という枠組みでしか自己を捉えることができないので，自己を否定し，自信が持てずに，この10代前半を辛い時期として回想しているのだと考えられる。

EvaとMayも，上記のJennyと同じように，「中国人である自分」を否

第4章　語りにみるアイデンティティ形成過程の特徴　　　113

定的に捉えている。しかし，Jennyと違うのは，EvaとMayは，それが親，特に父親との葛藤として表出していることである。

> May「母とはそれほど葛藤はなかったのですが，父は，とっても古い考えで，私に『お前はイギリス人的すぎる』という。自分では，自分のことをそれ程イギリス人的だとは思わなくて，私は，まだ中国人で，中国文化を尊敬している。父は私に中国人の女性なのだから，こうすべきなのだといつも言った。私の振る舞いが中国人とは違っていて，そこが父は気に入らないのよ。外出したり，遊んだりしてはいけなくて，家にいて家事をしなくてはいけないという。私はそれはするけれども，父がそれを強制する仕方が嫌いだった。兄弟の中で，私が最も父と言い争って，私は，気難しくて，頑固だけど，父も頑固で，両方ともそうなので，磁石が反発するように反発した。父は，兄弟とも時々言い争っていたけど，男の子は外出してもいいけど，女の子にはいけないと言った。女の子が外出して遊んでいるのを，他の人にみられたら父は面子を失うと思っていた。私が，夜遅くまで外出したりするのを許さなかった。この国で自分は育って，この国の人は皆そうしているし，私もその一員なのに，おまえは，女の子だから，そんなことはしてはいけないと言われた。だから，私は，欲求不満で，いつも言い争っていた。——父が中国文化の伝統をもっているのはわかるけれども，子供達は違う国にいて，違う文化の中で育っていることを理解しなくてはいけない。父のような考え方をしていては，うまくいかない。」

上記のMayの語りは，厳しい父親に「中国人であるから」「女であるから」と家事を強制され，他の友人のように外出して遊ぶこともできない不満を語っている。また12歳から16歳の頃は，特に両親が店を開いて，とても忙しかったので，幼い妹の母親代わりに働かなくてはいけなかったことを以下のように語っている。

> May「家事をして，店を手伝って，遊びに行く時間はなかった。妹達の面倒をみるのは大変な仕事だった。妹を学校に送っていって，自分はそれから学校に行って，帰ってきてからも妹達の面倒をみる。それは大変だった。妹達の学校の親の集まりにも出たり，医者に連れていったりと，母親としての役割は，すべて果たした。……2人の妹の面倒をみることによって，私はとても早く大人になってしまった。今，また16歳に戻っている。」

そして，彼女はこの時期の自分の気持ちを以下のように語った。

> May「私は，長い間，自分がどのように人からみられるのかしらと気にしていた。自分は，もっとイギリス人にみられたい，もっと中国人にみられたいと思っていた。とても欲求不満のつのる時期だった。……私は中国人にみえるけれども，それ以外はすべてイギリス人なのよ。私は，自分が中国人でなければと思っていた。そんな風に見えなければと思っていた。でも，人種は中国人。だから私は，とても悩んでいた。他の人と同じようになりたかった。でも，人からは異なってみられる。こんな風に悩む時期が3，4年続いた。」

以上のようなMayの語りにみられるアイデンティティの危機は，前述したJennyと同じように，父親から押しつけられた「中国人である自分」から逃れたくとも，逃れることのできない苦しみである。Jennyの場合は，こうした悩みを抱えながらも，親に従っていたが，Mayの場合は，こうした苦しみが，「中国人であること」を強制する厳しい父親との対立という形をとって表面化した。

彼女は，「長い間，自分がどのように人から見られるか気にしていた」と語っている。親から押しつけられた自己規定を受け容れることはできない，しかし他の自己を見出すことができない彼女は，自己に対して自信がもてないので，他者の眼差しが気になるのである。そして他者の眼差しを意識することによって，親からだけではなく，世間からも「中国人であること」を押

第4章　語りにみるアイデンティティ形成過程の特徴

しつけられてしまうのである。

Eva の場合は，May ととても似た形態の父親との葛藤を経験している。

> Eva「私は，年ごろになって，イギリス人の歌手のポスターを家に貼っただけで，とても怒られて，叩かれたりしたこともあった。テレビを見ることはいけないし，すぐに宿題をしなければならなかった。父親の前では，いつも私は怯えていて，日曜日だけ父と顔をあわせるけど，フランクに話したことは一度もない。……父がとても厳しくて，私は自由にさせてほしかったのだけれども，外出することを禁止されて，私は引っ込み思案になっていた。……私は両親とは親密ではない。なぜなら父は，家の支配者のようで，とっても厳しかったから。母はいつも父親に従っていて，私が母に何か言うと，母は父に話すのよ。だから，私は母に何も言うことができない。私は，両親と親密ではないから，親密になりたいとは思う。でも彼らの厳しさがそうさせない。」

彼女は，この時期は学校も楽しくなく，家庭生活も何も楽しいことはなく，自己に対して自信がなかったと以下のように語った。

> Eva「私は，学校を憎んでいた (hate)。私は，勉強をするのは好きだったけど，とてもシャイで，決して友達と仲良くできなかった。私の両親はとてもとても厳しくて，父親がとても厳しくて，それによって私は友達と付き合う自信を失った。だから，私は，シャイでおとなしく，引っ込み思案になった。私は他の子供と付き合えなかった。だって，学校が終わっても，他の子と外出することが許されなかったから。私には友人ができなかった。だから学校が嫌いだった。私は，英語の時間が特に嫌いだった。英語を声に出して読まなくてはいけないのよ。英文学では，クラスの皆の前で読まなくてはいけなかったり，討論の時間もあった。私はとてもシャイだったから，討論が嫌いだった。私は話せなかった。私の一番好きな教

科は数学で，美術も好きだった。私は，実践的な科目，実技の方が好きだった。また，ゲームもとっても嫌いだった。自信があれば，チームに加わってゲームをするけれど，自信がないのでいやだった。」

そして，自分が「中国人であること」を悩んでいたと語った。

Eva「私は，いつも中国人であることを他の子からからかわれ，いつも自分が異なっていることを意識していた。そして，自分が中国人であることを悩んでいた。」

上記の Eva の場合も，May と同じように，父親から「あなたは中国人」という枠を強制され，「中国人」とは「家事や店を手伝うべき」と押しつけられていることに反発している。そして父親から押しつけられた「中国人である自分」以外の自分を見出せず，自信を失い，友人に対しても自分が開けなく，生活を楽しくないと感じているのである。

Ricky の場合は，以上三つの事例とは悩みの種類が異なっている。

筆者「ご両親との間に葛藤はありましたか。」
Ricky「両親は，とても西欧化していて，オープンであり，厳しくはない。葛藤は親との間ではなく，自分自身の中に感じた。つまり，自分のアイデンティティに関してだけれども，完全なイギリス人でもなく，完全な中国人ではないことによる自分自身の中の葛藤なんだ。」
筆者「いつ頃そうした葛藤を感じたのですか。」
Ricky「13～14 歳の頃だと思うな。」

彼の場合は，前述の 3 名の場合にみられた，親から押しつけられた「中国人である」という状況から逃れることができないという苦しみはない。ここで語られている「自分自身の中の葛藤」とは，完全なイギリス人でも，完全

第 4 章　語りにみるアイデンティティ形成過程の特徴　　　117

な中国人でもないことによる不安定さの認識であると考えられる。
　また，Judi は，10 歳の頃自信を失ったと語った。

　　Judi「10 歳の頃，自分が不安定だったのですが，それは，色々なこと
　　　が関わっていたと思う。まず第一に，初等学校から中等学校に変
　　　わったことが大きかった。急に友人を失ったようで，わからないけ
　　　ど，喪失感のようなものを味わった。でも，こうした友人を失うよ
　　　うな中等学校を選んだのは自分だから，辛かった。両親は，私の選
　　　ぼうとしていた中等学校を見には行かないで，私にどんな学校か聞
　　　いただけだから。」

　Judi の味わった喪失感は，「中国人であること」に関わっていない，進学
に伴って経験する不安定さである。他の 4 名の場合は，思春期の悩みが「中
国人であること」をめぐる悩みとして語られていたが，これは従来の研究が
基づいていたような，二つの文化の間にいることによる「文化的葛藤」なの
であろうか。従来の研究における「文化的葛藤」とは，二つの文化のもつ意
味空間の違いが，個人のアイデンティティ形成に危機をもたらすことを指し
ている。しかしここで取り上げた語りにみられる悩みは，文化の中身，文化
の意味空間の違いによる葛藤によって引き起こされた悩みではなかった。
　最初に取り上げた 3 名の場合，親から「中国人であること」は「外出しな
いで店や家事を手伝わなければならない」と押しつけられ，他者から「中国
人」としかみられないことによって，そこから逃れることが出来なくなると
いう苦しみであった。「中国人であること」はその人を規定する「枠」，言い
換えればラベルなのである。親との関係においてラベルを貼られ，そのラベ
ルの意味を押しつけられることによって自己を規定されてしまい，さらに他
者の眼差しを意識することによってそこから逃れることができない苦しみで
あった。
　また，Ricky の場合は，完全なイギリス人でもなく完全な中国人でもない
不安定さを語っていたが，これも二つの文化のもつ意味の違いによる葛藤に
よってもたらされたものではなかった。どちらつかずの不安定さによっても

たらされたものなのである。

　インタビュー対象者の内，自己形成過程で何らかの悩みを持っていたと語った者は，ここで取り上げた5名以外は，Davidが20代後半になった現在，自己について悩んでいると語っただけである。マイノリティの子供は，二つの文化の間で自己形成するゆえに「文化的葛藤」によるアイデンティティの危機を経験するという言説は，彼らの悩みが実際いかなるものであるのかをつかんでいないことが指摘できる。本書の事例における「中国人であること」をめぐる悩みは，親との関係において，あるいは他者の眼差しを意識することによって「中国人である」という枠とその意味を押しつけられ，それによって自己が規定されてしまい，そこから逃れられず自己を見出せないことからもたらされたものであった。

2．親子関係の多様性

　思春期は，親子の間の葛藤が表面化する時期である。10代前半になると，友達と外出したりする機会が増えたり，洋服等のおしゃれにも興味が出て，親とぶつかることが多くなる。そして，この時期の親との関係の在り方は，個人のアイデンティティ形成に影響を及ぼしていると考えられる。

　ここでは，インタビュー対象者の個人レベルでの親子関係の多様性を示すことによって，移民の次世代における親子関係を二つの価値に挟まれることによる世代間の「文化的葛藤」という概念によって一般化して捉える言説を再検討したい。

　以下，親子関係の多様性を，四つに分けて説明する。

　第一は，EvaとMayの場合である。彼女たちの場合は，前節で述べたように厳しい父親との激しい葛藤が表面化している。ここにみられた世代間の葛藤は，「中国人である」という枠とその意味を押しつける親に対して反発することによって生じていた。この2名は，20代後半になって家を離れている現在でも，父親との関係にわだかまりを残している。

　第二は，EvaやMayと同じように親に反発を感じ，親との間に親密な関係があるとはいえないが，言い争うという形では表面化していない場合である。

第4章　語りにみるアイデンティティ形成過程の特徴　　　　119

Eddie 「親が外出を許してくれず，家を手伝うように言われれば，いやだったけど，だからといって言い返したりしたことはなく，自分は親に対してはいつも従順であったと思う。」

Jenny 「親には同意できないことが沢山あるけど，言い争ったりしないところが，私が中国人的であるところだと思う。イギリス人の友達はしたいことをしているけど，私は，いやだと思っても，親の言う通り店を手伝ってきた。」

Paul 「両親が，特に父がグルのように支配的で，自分とは全く違った考えを持っているから，小さな諍いはよくあった。でも，姉は，父とよく言い争っていたけど，他の兄弟は姉のようには言い争ってはいない。僕は，父とぶつからないように，父を避けていたから。父にはあまり会わなくてあまり話さない。父の方も，僕に話しかけたりなんてしない。」

　これらの語りに共通していることは，表立って言い争ったりはしないが，親とほとんど会話をすることもなく，親子の間に親密な関係があるとはいえないことである。その背景には，親がテークアウェイ・ショップを営んでいて，非常に忙しく，子供と話をする時間もなかったという環境も関係している。彼らの場合，親との関係に距離を置き，それなりに親に従っていることによって，Eva や May のように親子の対立が表面化し，思春期以降の人生においても，親との間にわだかまりが残っているということはない。
　第三は，最もここに当てはまる場合が多いのであるが，親に同意できないことも沢山あり，口喧嘩をしたりしているが，親との関係は親密であり，その葛藤も深刻なものではない場合である。
　10代前半のいわゆる思春期は，親と口論することが多い年頃である。17歳である Flora は，その喧嘩の様子を語っている。

　　Flora 「私が，パーティーによく行く友人と出会って，パーティーに行

き始めるようになると，両親は困って，学校の勉強に影響するとか，遅くまで外出することをいやがって，よく口喧嘩をした。本当によく喧嘩をした。私が遅く帰ってくると，母が『遅すぎるでしょう。もう行っちゃだめよ。時間を無駄にして疲れてしまって』と言う。私は『私のことなのだから。お母さんの人生じゃなくて，私の人生よ』と言い返す。母は，私を支配しようとするのよ。でも，私をコントロールできるわけではない。両親は，私がもう5歳の子供ではないことが全くわかってない。私はもう17歳で，自分に責任が持てる年。アルバイトもしているし，学校にも行って，私には私の人生があるの。両親はそういうことを理解しようとしないのだから困る。」

そして，Floraは，親との喧嘩の原因は，外出と宿題と電話の三つだと述べた。

Flora 「宿題をしていないんじゃないのといって，母は私を決して信じない。私が，本を閉じて外出しようとすると，母は『まだ宿題をしていないじゃないの』と叫ぶのよ。私は，『もうした』と言い，母は『いやまだだ』というように。もう一つは電話の事で，母は私が電話のかけすぎだという。……外出，宿題，電話の三つが主な口論の種だわ。」

こうした親子喧嘩は，思春期の子供と親との間では，よくみられるものである。その特徴は，喧嘩をしてもそれが親子間の深刻な溝とならないことであり，思春期を過ぎれば，口喧嘩は少なくなってきていることである。

Sonia 「親との間では喧嘩もしたけど，その日の内にはもうそれは終わっている。その時だけの意見の食い違いよ。」

Kwok 「10代前半ではよく親と口論をしたけど，年を経るに従って，

第4章 語りにみるアイデンティティ形成過程の特徴　　　121

少なくなった。その頃は，宿題を先にしなさいとか，外出のし過ぎであるとか，帰りが遅すぎるとか，お金の使い過ぎではないかとか，そんなことを言われた。でも，それ程深刻なものではなかった。」

Judi「13, 4歳の頃は親とよく口論をした。それは，私の自由にかんすること。両親は，私を外出させなかった。両親が理解してくれないことを悩んだ。でも，今は（現在彼女は18歳である）私に自由を沢山与えてくれている。」

Sarah「親との間には，考え方の違い，世代間のギャップを感じる。だから，特に若い頃はよく口論をした。私達は，西欧社会で育っていく間に，とても開放的になり，友人と一緒に出掛けて夜中過ごすことは当たり前のことなのに，両親はそういうことが理解できない。両親は，頑固で，典型的な中国人で，新しい事は頭に入らない。なぜって，両親はあまり教育も受けていないため，色々な考え方に開かれていないから。時代が移り変わっているのに，それに合わせられない。」

Natasha「沢山口論をした。母は，私がよく外出するのが気に入らずにこれはほとんどの中国人がそうなのだけれども，遅くなってはいけないだとか，ギャングがいるから危ないだとか。私がシックス・フォームの時にはパーティがあって，行きたいと頼んだけれども，母は許してくれなかった。でも，最後は行かせてくれたけど。多分，学校行事なので，行かせてくれたと思う。エコノクスというレイセスター・スクエアーにある大きなディスコに行くときも喧嘩をした。よく覚えていないけれども，結局は行った。沢山喧嘩をした。ボーイフレンドのことでもね。両親は，私に勉強，勉強，勉強と言っていたけど，まあこれは普通かな。母は，弟や妹達には，それ程厳しくなくなっていて，自分は一番上だから，よりプレッシャーがかかった。……とにかくいつも口喧嘩をしていたけど，今は，母はと

ても良くって，あまり気にしなくなった。『この頃あなたを見ないけど，どこへ行っているの』なんて聞かれたりして，おもしろいでしょ。両親は，とてもやさしくなってきている。」

　以上の語りにみられるように，この第三のカテゴリーの事例は，10代前半に親と些細なことで口論をしたりしているが，10代後半にはそれを通り越し，親との間に良い関係を築いている。10代前半の親との口論は，親の背後にある中国文化と，子供が外の世界で吸収するイギリス文化との差異による葛藤として語られている側面もある。しかし，それを二つの文化の価値体系の違いによる葛藤として一般化してしまうのは早計であると考える。世代間の文化の違いとして語られている親との口論は，実際は文化の違いには還元できない親子関係にはよくみられるものと捉えた方が適切である。なぜなら世代間に文化の違いはなくても，こうした親子間の葛藤はよくあるものだからである。

　第四は，親と口喧嘩をすることもほとんどなく，親との関係にはなんら葛藤がなかった者である。

　　Helen「あまり帰宅が遅いと叱られたりしたこともあったけど，葛藤というようなものはなかった。両親は勉強を強制することもなかったし，カレッジを卒業して働きたいと言ったときも，別に親は何も言わなかった。」

　　Victor「他の家族には，葛藤はあるのかもしれないけれども，僕達の家族はとても良くって，そんなのはなかった。なぜなら，両親は，一生懸命にやりさえすれば，自分達のやりたいようにさせてくれたから。多くの中国系の家庭では，子供が芸術方面の学科を選択するのに反対するけれども，兄も自分もデザイン学科に進んだ。でも両親は私達にしたいようにさせてくれた。だからプレッシャーのような葛藤はなかった。」

以上から，中国系第二世代における親子関係は，2つの文化の価値体系のぶつかり合いという世代間の「文化的葛藤」によって捉える言説によっては説明できないことが指摘できる。バラードも，イギリスの南アジア系第二世代に関する5年に亘る調査に基づいて，南アジア系の若者を世代間の文化的葛藤に悩む者として一枚岩的に捉える言説を批判し，「こうした捉え方は，複雑な個人的経験を極度に単純化している」と述べている（Ballard 1979：128）。本書の事例においても，バラードと同じ結果が指摘できるのである。

第3節　高等教育の期間

本節では，16歳で中等学校を卒業後，カレッジや大学に進学する10代後半から20代前半について，第一に，思春期において悩みを経験したと語った事例がそれを乗り越え，自信を回復する過程について，第二に彼らの多様な進路決定の在り方について記述する。さらに，この時期のアイデンティティ形成に影響を及ぼしている要因として，友人関係と香港での経験に着目し，それぞれについて，第三，第四として検討する。

1．自信の回復

第2節で検討した思春期における悩みを経験した5名は，その後高等教育に進学する10代後半でそれを乗り越えている。ここでは，いかにそれを乗り越えているのかについて，語りに基づいて検討する。

Jennyは，否定的に捉えていた自己を肯定的に捉えるようになり，自信を回復したことについて以下のように語った。

> Jenny「大きくなるに従って，私はもっと自分に自信をもつようになった。そして今では，自分が中国人であることをとても誇りに思っている。もう中国人であることを気にしなくなって，大丈夫よ。」
> 筆者「何があなたをそのように変化させたのですか。」
> Jenny「私は年を経ることによって，そういう風に変化したのだと思う。年を経ることによって，シャイではなくなっていった。」

筆者「それは何歳頃からですか？」
Jenny「16歳頃から。」
筆者「その頃から中国人であることを悩まなくなったのですね。」
Jenny「ええ，カレッジ[8]や大学に行くようになって，私は自分が中国人であることを気にしなくなった。大学では，色々な人がいて，とても寛容で，私は，自分が中国人であることが気にならなくなった。学校に行っていた頃は，まだ幼くて，理解ができなくていじめもあったけど，大学生は，もっと理解があって，もっと学ぼうとしていて，興味があることを探求しようとしていたと思う。」

以上のような語りから，Jennyは，カレッジや大学に進学し学ぶ過程で，思春期の悩みを抜け出していることがわかる。彼女は，中国人である自分を「気にしなくなった」(I don't mind)と語っている。思春期の彼女は，自分が他の人と異なっていて，差別されるのではないかと，いつも恐れていたと語ったが，これは，他者の眼差しを意識することによって「中国人である」という枠から逃れられないと思っていたからである。「気にしなくなった」ということは，自己を規定する「中国人である」という枠の押しつけを感じなくなったということである。それができるようになったことについて，彼女は，「年を経る」ことによって変化したと語っている。ここには，このような自信の回復過程が，意識的な過程というよりも，高等教育に進んで生きる過程で，色々な人と出会ううちに，知らないうちに「気にしなくなった」ことが示されている。そこでは，親によって押しつけられた「中国人であること」の意味を，自己の中で読み替える作業があったと考えられる。彼女は，「大学には色々な人がいて」と語っているが，ここから彼女が「中国人であること」に親が押し付けている意味以外の何かを見出したことがうかがえるのではないかと思う。「中国人であること」を，人間の多様なあり方の一つとして捉えることができるようになったのでないだろうかと考える。

親との激しい葛藤を経験したEvaとMayは，親と離れて大学生活を送るという環境の変化によって，悩みを抜け出している。

第4章　語りにみるアイデンティティ形成過程の特徴

May「レスターの大学に入って，初めて家を離れたことによって，すべてが変わった。新しい友人ができて，自分がいかにお酒も飲まず，朝帰りをすることもなく，いかに孤立していたかがわかった。父がそういうことをさせてくれなかったので，私はできなかったけど，大学では，やってみようとした。とっても楽しかった。そして，だんだん自分が人からどのように見られているのかが，気にならなくなった。大切なのは，人とどう付き合うかなのだと思うようになった。大学に入学した当初は，とてもシャイで，1ヵ月間は部屋を出ることができなかったけど。友人はとてもいい人達で，私の部屋に来て私と話してくれた。だんだんと友人が多くなって，私はそんなにシャイではなくなった。人と付き合えるようになり，それによって，友人は，中国人にみえる自分ではなく，人（person）としての自分を知ろうとしてくれていると思うようになった。……寮生は，自分以外はイギリス人か他のマイノリティで，私がたった一人の中国人で，初めの頃はとても神経質で，自意識が強かった。皆が自分を中国人としてみると思っていた。『あなたは留学生ではないの』と聞かれると，『ロンドンの出身よ』と答えた。そういう経験をする中で，自分を開いていって，多くの友人ができるにつれて，自意識がやわらいでいった。私は自己を開き始め，人間としてもオープンになり始めた。だから，この時期は自分にとってとてもよい時期で，自分自身について，沢山のことを学んだと思う。大学では，今までトライすることのできなかった多くのことをした。私は自分の人生をスタートさせたと思う。自分自身が本当は何であるかを見つけ，父が私を作るのではないことがわかった。自分自身を人として成長させることができた。」

このMayの語りは，実家を離れて大学生活を始めたことによって，親によって押し付けられた「中国人である」という枠から抜け出し，「人としての自分」を見出したことを語っている。「中国人である」という枠を最も自分に強制していた父親から離れて大学生活を送ったことによって，その枠か

ら自分を開放することができたのである。それによって，彼女の場合も，人から中国人としてみられることを意識しなくなったと述べている。周囲の人から「中国人である」という枠を押しつけられて自らを規定され，それから逃れられなければ，自己を見失い自信も失う。しかし，その枠を抜け出すことができれば，他者の眼差しも気にならなくなり，自己に対する自信も取り戻すのである。

Evaの場合も，上記のMayと同じように高等教育に進み環境が変化したことによって，自信を回復したことについて以下のように語っている。

Eva「私は，17歳でAレベルになって，自分に対する自信を持ち始めた。私は，その頃シャイではだめで，殻を破らなくてはいけないと，自分に言った。私は，自分がシャイでおとなしくしていてはだめで，自分の人生を変えるためには，何かをしなければと思った。同じ学校で，同じ友人のいる環境だったらできなかったけれど，カレッジに行って，友人も新しくなったので，新しい生活を始めることができた。ええ，私は変わった。17歳の時に私は変わった。……それ以前の私は，英語の教科が好きではなく，他の学科もトライしたけど，難しかった。両親は私に勉強をすることを強制して，私は学校から帰るとすぐに勉強をしなければならなかった。外出することもテレビを見ることもできなかった。両親が私に勉強を強制することが，私に勉強をする気をなくさせていた。

でも17,8歳になると，私は美術が得意になった。でも父は私に『美術はお金がかかる学科だ』と言った。私は，美術が役にたたないことは知っていた。秘書や会計士の方がお金になっていいと思った。だからAレベルが終わったら大学で美術の勉強をしようとは思っていなかった。私は店を手伝おうと思っていた。でも，私はそれは自分の人生ではないと思った。私は勉強をやめて，店を手伝いたくなかった。将来がないから。それから私は試験を受けて大学に行くために，一生懸命に勉強をした。だから，17,8歳の時に，本当に本当に一生懸命に勉強をした。自分が大学に行けると信じて，

賢くてできるのだと信じて，一生懸命に勉強をした。」

　Evaの場合は，10代後半に大学で自分の好きな勉強をしようと決心し努力する過程が，彼女に自信を取り戻させている。好きな美術を勉強することによって自らの人生を生きようという姿勢が，親から自己に押しつけられていた「中国人である」という枠を取りのぞいているといえる。彼女の場合は，その後大学2年生の頃に，それまでは「中国人である」と思っていた自分をイギリス人として位置付けるようになったと以下のように語った。

　Eva「大学2年生の頃になって，私は自分がイギリス人でもあるのだと思うようになった。1年生の頃はまだ遠慮がちであったから。初めて家を離れて生活をしたけど，まだ少しシャイだった。皆家を離れると，はめを外していたけど。私は，ちょっと遠慮をしていて，あまり友人がいなかった。2年目になると私は皆に加わるようになって，自分のことをイギリス人なのだとも思うようになった。」

　つまり，彼女の場合は，否定的に捉えていた「中国人である自分」から抜け出し，自分の好きなことを求め大学で学ぶ過程で，イギリス人として自分を意識するようになるのである。
　Rickyの場合は，「完全な中国人でもなく，イギリス人でもない」自分の不安定さを認識することによって葛藤を感じていたと語ったが，彼も10代後半で悩みを解消している。

　Ricky「そうした悩みがなくなったのは，文化やアイデンティティに対する考え方を発見したから。ハイブリディティであることを見つけたから。私は文化といっても，それが何を意味するのかを言うのはとても難しいのがわかった。それぞれの人が異なったものを持っている。だから，私はもう葛藤を感じない。移動することが多くなり，多くの人が色々な国で生まれている。だから，文化をみつけるのはとても難しくなってきている。私は，もう葛藤は感じない。私は，

それぞれの個人が，その人自身であるべきであることがわかった。イギリス人であろうと中国人であろうと，アイデンティティはすでにその人自身の中にある。より中国人になろうとしたり，よりイギリス人になろうとすることが，自分のためになるとは思わない。自分自身を知ることが大切だ。」

　Ricky は，「文化といっても，それが何を意味するのかを言うのはとても難しいのがわかった」と述べている。そして，自分自身のことを「ハイブリディティ」という概念で捉えている[9]。彼は，移動する人々が増え，様々な文化的背景をもつ人々が混ざり合っている状況への理解を深めることによって，どちらにも属していない自分を不安定であるとは思わなくなっている。「中国人である」とか「イギリス人である」という枠にはまらないことは，不安定なことなのではなく，むしろ枠にはめようとすることがおかしいことを認識し，枠にはまらなくとも自分自身というものがあることを発見している。彼は，「中国人」「イギリス人」というのが単なるラベルであり，それに関係の無いところに自己アイデンティティがあることがわかったとも語っている。

　また Judi の場合の思春期の不安定さは，新しい学校に進学することによって友人を失い，そうした学校を選んだ自分への不信感のようなものであった。彼女は「成長（matuarity）」することによって，悩みが解消したと語った。

　以上の 5 名の語りは，10 代後半で，思春期における悩みを抜け出していることを示している。その仕方は，高等教育に進み日常生活を生きる過程で，「中国人である自分」，あるいは「完全な中国人でもイギリス人でもない自分」から抜け出し，「自分は自分である」ことを認識することによっている[10]。これは，否定的に捉えていた「中国人であること」を，肯定的なものへと転化させて主張することによって自己を解放するという，いわゆる民族的主体性回復の物語（伊藤 1996：303）ではない。ここにおける自信の回復過程は，民族的主体性回復の物語が集合的アイデンティティと結びつくのとは違って，個人レベルにおけるものである。個人がイギリス社会で生きてい

第4章　語りにみるアイデンティティ形成過程の特徴　　　129

く日常の中で，人との関わりを拡大していく過程で，周囲の人から押しつけられた枠をずらして自己を発見しているのである。民族的主体性回復の物語は，他者と自己を隔てる境界をそのままにして，否定的なものを肯定的なものへと意識的に転化させている。しかし，上記の語りにみられる自信の回復過程は，周囲の人々との関係性の中で自己を規定してしまうことになった枠をずらすことによって，自己を発見している。ここには，他者と自己を隔てる境界自体を，また自己を集合的全体に直接結びつけるようなアイデンティティの在り方自体を崩していく可能性もあるのではないかと考える。

2．進路選択の多様性

　前で取り上げた Eva は，好きな美術を大学で学ぼうと決意し努力する過程で，自分に対する自信を取り戻していた。彼女にみられるように，高等教育において自らの進路を決定する仕方は，その後の職業選択に結びつき，自己形成における重要な部分を占めるといえる。

　パーカーによる中国系の若者の調査によると，Aレベルでは，数学や化学や物理を選択する者が172名中149名であり，大学レベルでは81名中43名が理系を，20名が美術を，18名が経営を選択している（Parker 1995：119-20）。そして，中国系の若者が堅実な職業に結びつくような選択をする傾向があることを指摘し，その主な理由は，親の就いている飲食業に吸収されるという「わな」から逃れたいためであると述べている（Parker 1995：121）。しかし，中国系の若者による最初の文芸書の序論で，ツァオは，「イギリスの中国系の若者は，今までコンピューター・プログラマーやエンジニアになる者ばかりであったが，少しずつ芸術家や作家になる人も出てきた」と述べている（Zhao 1994：x）。第二世代は，第一世代の大部分が携わる飲食業から抜け出すためには，コンピューター技師や薬剤師といった確実に職業に結びつく理系を選択してきたのである。しかし現在では様々な職種へ選択の範囲を広げつつあることが指摘されている。筆者がインタビューをした若者にも，堅実な職業に結びつく選択をするというより，自分の好きな道を進もうという傾向が指摘できる。ここでは，個人の語りに基づいて，彼ら一人ひとりが，親の様々な期待の中で，いかに進路を決定していったのか，そ

の多様な進路選択の在り方をいくつかの事例を取り上げて記述する。

　Susan は，幼い頃父親を亡くしているが，スピーチ・セラピストになることを選択し，母もそれを認めてくれていることを以下のように語った。

> Susan「母は，私が医者や法律家や会計士のような仕事に就いたら，喜んだろうと思う。最初，私は法律関係に進もうかと考えていて，母も喜ぶであろうと思っていた。でも，インド系の友人に『自分だったらそんなことはしない。自分の道を失うわよ』と言われ，私は大学で自分のしたい英語のコースを選んだ。母も認めてくれて，私にスピーチ・セラピストになってほしいと思っている。母は，その点はとてもわかってくれていて，私が何をしたいのかに理解を示していてくれている。時々は心配して，『税金を払うと家族を養う十分なお金がない』なんて言ったりもする。母は，働くことはお金を儲けて，私達家族を養うための手段と考えている。母は，『働くことがつまらないなんて，大したことではない。家族を養うために働くの』と私達に諭す。でもそう考えていながら，母は私の選んだようにさせてくれた。」

　Susan は，働くことをお金を儲けて家族を養うための手段として捉えている母親とは違って，自分の興味をもつ分野を勉強し，それを職業に結びつけようと考えている。彼女は，スピーチ・セラピストとして１年間働いた後，もっと勉強が必要なことを感じて大学院に入ろうとしている。働くことに対する考え方が母親とは異なっているが，自分の選択を母親が認めてくれていることを知っている。Susan の語りに示されているように，第二世代には，親の期待を感じながらも，期待通りではなくとも，イギリス社会で自分の好きな道を進もうとしている傾向が指摘できる。そして，ほとんどの場合において，親は，自分の期待に反していても，子供の選択を受け入れている[11]。

　Helen は，小さい頃からなりたかった幼稚園の教師になっていて，両親もそれを受け入れている。

第4章　語りにみるアイデンティティ形成過程の特徴　　　131

　　Helen「私はとっても小さい頃から子供が好きで，幼稚園の先生になり
　　　　　たいと思っていた。中等学校を卒業後は，幼稚園の先生になれる
　　　　　コースを就職案内室で調べたり，先生や友達に話を聞いたりして探
　　　　　した。」
　　筆者「両親との間で，職業の選択に関して何か問題はありましたか。」
　　Helen「両親は何も言わなかった。私は，小さい頃から子供と一緒の仕
　　　　　事がしたいと言っていたから。でも，始めの頃は，あまりもうから
　　　　　ないし，大変な仕事だよとは言っていた。どうしてそういうことが
　　　　　したいのと聞かれて，私はそういうことが好きなのだと説明した。
　　　　　だから両親は私のしたいようにさせてくれたので良かった。」

　Kwokは，好きだったグラフィック・デザインを現在学んでいる大学生で
ある。

　　Kwok「小さい頃から，絵を描くのが好きで，先生からいつも『あなた
　　　　　は絵を描くのがじょうずなので，上のレベルに進みなさい』と言わ
　　　　　れてきた。だんだん次のレベル，次のレベルと進んでいった。今は
　　　　　興味のあることを探求することで，職業に繋げたいと思っている。」
　　筆者「あなたの両親は，あなたがどのようなコースを採ることを望みま
　　　　　したか？」
　　Kwok「両親は，私がこのコースを選ぶことが気に入らなかったけれど
　　　　　も，私が選んだ後では口を出すことはなく，励ましてくれた。自分
　　　　　で選んだからには，一生懸命にしてその分野で成功することを望ん
　　　　　だ。だから，自分はいつも両親に支えられていると感じる。」

　Floraは，17歳のAレベルの学生であり，現在，経営学と数学と物理の
勉強をしている。彼女は，両親に数学が得意なので会計士になれと言われて
きたが，現在自分の進む道を模索している。

　　筆者「あなたの両親は，あなたに何になってほしいと思っていますか。」

Flora「私は幼い頃，数学の成績が他の子よりも良かったので，両親は会計士になれ会計士になれ，儲かるよと言っていた。小さい頃は，自分でもそう思っていた。中等学校の頃までは将来会計士になろうと考えていたけど，今は，会計士なんてつまらないと思っている。なぜって，会計士の事務所で週末アルバイトを経験したのだけれども，その仕事はとてもつまらなかった。私は，こんなことは自分にはできない，自分の本当にしたいことをしよう，会計士になるのはやめようと思った。両親は，小さい頃は会計士になれとか言っていたけど，今は私がそれにはならないことがわかっている。それでも，彼らは，私に高い期待をしていて，私は何になりたいのかわからないのに，私が出世をして，よい仕事をもって，とってもとってもお金持ちになることを望んでいる。でも，私は自分がそういうことができるかどうかなんてわからないけど，多分ビジネスの方面に進むと思う。」

Erik は，情報技術を選択しているカレッジの学生であるが，選択の理由を以下のように語った。

筆者「なぜ，情報技術（Information Technology）を選択したのですか？」
Erik「初めは，デザイナーになりたかったけど，G.C.S.E.の結果が無理で，次に興味のあった IT を採った。最初は，IT はただのコンピューターについての学科かと思っていたけど，多くの他の電気機器について学ぶことができて，この2年で沢山のことを学んだ。こういった分野の職に就きたいと思っている。」
筆者「あなたの両親は，あなたが何になることを望みましたか。」
Erik「両親は，僕が中等学校に入ったときは，多分医者や法律家になってほしかったと思うな。でも，こうして中等学校を卒業した今，そういうのになっていないけど，両親は気にしていない。」

第4章　語りにみるアイデンティティ形成過程の特徴　　　133

　Jennyの場合は，現在福祉サービスをする団体に就職しているが，大学入学後，親の承諾をもらうために選択したコースを自分のやりたいことのできるコースへと変更している。

　Jenny「私は，最初はビジネス・コースを採っていたけど，それは両親の承諾をもらうためだった。ビジネスなら両親がいいと言うと思ったので。でも大学2年になると，卒業したら自分は何になりたいかを考えるようになって，社会科学に専攻を変更した。」

　Soniaは，既に結婚をしているが，結婚後も銀行員として働いている。彼女は，親が英語もあまり理解できず，イギリスの教育システムや社会についてほとんど知識をもっていないので，自分で進路を決定したと語った。

　筆者「自分のコースや職業を選ぶ時に，誰かからアドバイスを得ましたか。」
　Sonia「自分でしたいことを選び，決定しました。不幸にも，両親はそれに関する案内を利用することはできなかったのです。両親は，英語ができなくて，イギリスのシステムを知ることができなかったのです。進路指導の先生は，生徒がやりたいと言ったことをやらせるように後押しするだけで，何がやりたいのかを見つけるには，あまり役に立たなかったのです。だから私は，ほとんど自分で決定したのです。」
　筆者「あなたの両親は，あなたに何かになってほしいと望みましたか。」
　Sonia「両親は子供の教育には熱心であったけれども，特定の職業に就くことは望まなかったです。私達自身に任せてくれました。私達兄弟がそれぞれの職業に就いているのは，それぞれのパーソナリティによるものです。」

　以上の語りは，中国系の若者達が，飲食業から逃れるために堅実な職業選択をする傾向を示しているのではなく，イギリス社会で自分の好きなことを

する道を選択していることを示している。彼らの選択の過程では，親の期待とぶつかることがあったり，親に適切なアドバイスをもらえなかったりということもあるが，それを乗り越えて，自分の好きなことのできる選択をしている。イギリス社会に移民してきて，明日の生活のために一生懸命に働く親の元で育った第二世代は，イギリス社会で親とは違った自分の道を切り開こうとしている。そして，親も期待に反していても，そうした子供の選択を受け入れていることが，これらの語りに示されている。

3．友人関係

　中国系の生徒は，他のマイノリティの生徒達とは違って，同じ民族的背景の子供が学校に大勢いることはない。インタビュー対象者も，学校には同じ中国系の子供は数人しかいなかったと語っている。しかし，それによって，彼らが中国系の友人を持っていないとはいえない。中国系の子供が学校には少ないという状況は共通しているが，それぞれの友人関係の在り方は多様である。彼らが，高等教育の期間にどのような友人関係を選択していくかは，その後の人間関係のあり方を方向づけ，アイデンティティ形成に影響を与えている。

　彼らの友人関係の在り方は，三つに分類できる。第一は，中国系の友人を持たない者，第二は，中国系の友人もそれ以外の友人も両方持つ者，第三は親しい友人はほとんどが中国系の者である。この時期の友人関係の在り方は，その後の配偶者の選択にも繋がる問題である。

　第一の中国系の友人を持たない者の中でも，15,6歳までは中国系の友人がいた者と，全く中国系の友人を持ったことがない者とがいる。

　Martinは，9歳から白人がほとんどを占める私立学校に通い，中国系の友人とは25歳になる現在まで，ほとんど付き合ったことはない。彼は，自らをイギリス人としてのみ位置付けているが，中国系の友人をもたないことがその要因の一つであると考えられる。

　EddieとMarkは，公立学校に通っていたが，学校時代から現在に至るまで，インド系やブラックの友人はいても，中国系の友人はいない。

　Evaは，15,6歳までは中国系の友人がいたが，現在はいないことにつ

いて，以下のように語った。

> Eva「中国系の友人は，友達の友達という形で紹介されたりして，16歳位までは数人いた。中国系の友人の影響で，その頃は香港の音楽も好きだった。でもその後は彼らとほとんど付き合うことがなくなって，今は彼らと会っても話すことはないと思う。香港の音楽にも興味ない。」

Mayの場合は，初等学校での香港からの友人の思い出を語った。

> May「初等学校に行っていた8歳の頃，香港から来た英語のできない友人をもったことがあった。先生は，同じ中国人だから友達になれると思ったようだけれども，香港から来た子は英語ができず，私は広東語ができないため，最初は話せなかった。でも，お互いに広東語と英語を教えあって，とても良い友人になった。でもその子は，4年前に大学を卒業して就職のために香港に帰ってしまった。私はその友人のおかげで，広東語がとても上達した。でも，その子がいなくなってしまって，今は中国系の友人は1人もいない。」

そして，Mayは，現在全く中国系の友人はいないのであるが，同じ中国系の人に，イギリス的過ぎると言われることを恐れて，大学の中国系の集まりには加わりたくても加われなかった気持ちを以下のように語っている。

> May「同い年の中国人が集まる場所では，自分が劣っていると感じてしまい，そういう集まりを恐れている。私は他の人よりもイギリス的で，多くの中国人に囲まれると，自意識が強くなり，固くなって，彼らに自分がどう思われているのかを心配しだす。『あなたは中国的なものを失っていて，中国人ではない』と言われるのが恐く，意識過剰になってしまう。なぜなら父に何回もそう言われてきたから他の人にも言われるだろうと思ってしまう。私が現在中国系の友人

がいないのは，そういうことを恐れているから。私は，自分の振る舞いがイギリス的であるのを知っているけれども，中国人から『あなたは中国人ではない』と言われるのがとてもいや。私は，イギリス人に囲まれると，いつも中国人と言われるけれども，同じ背景の中国人には，あなたはイギリス的過ぎると言われる。自分自身の中では，自分は自分であることを知っていて，多分，私は他の中国人よりもイギリス的であるのを知っている。大学には中国系の集団があったけれども，そういうのがいやで，本当は中国系の友人ができるので参加したかったのだけれども，イギリス的過ぎるのが加わったと言われるのがいやで，加わらなかった。」

以上のように，過去に中国系の友人がいても，現在中国系の友人を持たない者は，中国語を話すのは親との会話に限られ，中国的な要素は家庭の中にしかない。そして，親ともあまり話すことのない者は，ほとんど中国語を使うこともない。

Davidの場合，20代後半になって，自分を「中国人である」と意識しているのに，中国語もほとんど話せず，中国系の友人もいないことによって，自分に自信がないと語った。

David「学校には中国人は1，2人しかいなく，友達はほとんどイギリス人だった。でも自分は中国人にみえるから，中国人と結婚したいと思っている。……25歳位から自分は友人にあまり会わなくなった。いつも自分の友人はアジア系かイギリス人で，中国系の友人は2人しかいない。自分は中国人なのに，中国語も話せない。どうやったら中国系の友人ができるのかと思っていて，何だか自分に自信がない。」

つまり，彼は，中国人である自分を意識しても，その実質がないことによって自信を欠いている。インタビュー対象者の中で，思春期には悩みがなかったのに，20代後半になって自信を失い不安定になっているのは，彼だ

第4章　語りにみるアイデンティティ形成過程の特徴　　　137

けである。彼は，中国人である自分の実質を得るために，中国系の友人がほしいと願っている。

　第二は，中国系の友人もいるがそれ以外の友人も持っている場合である。しかし，両方の友人をもつその仕方は多様である。

　Alice は，クリスチャンであることによって，中国系の教会を通して中国人と付き合うことの方が多いが，親友は大学時代に知り合ったイギリス人と台湾出身のアメリカ人である。Tracy も，中国系の友人もいるが，親友はギリシャ系とガーナ出身のブラックである。Alice と Tracy は，中国系の友人との付き合いはあるが，親友は中国系ではない。

　Jean は，幼い頃から一緒に同じフラットで育った中国系の幼なじみや，両親の友人や親戚の子供，あるいは中国語の補習校で知り合った者等，中国系の友人も沢山いるし，他方でそれ以外の友人も沢山いると語った。両方に多くの友人を持っていると語った者は，場面によって両者を使い分けている。

　　Linda　「私の学校には中国系の生徒はクラスに2，3人しかいないので，学校での友人は，イギリス人とムスリムだけれども，中国語の補習校には中国系の友人が多くいる。」

　　Kwok　「親しい友人は，中国系にもそうでない人にも両方いる。大学では4人のイギリス人と今同じ部屋に住んでいるけど，その内2人とはコースも同じでいつも一緒にいて，良い友達なんだ。そして，毎週週末家に帰ってくると，中国系の友人と会って，話をしたりする。」

　　Flora　「私には，中国系もインド系もブラックも，色々な友人がいる。学校での友人は，色々だけれども，放課後の友人は多くが中国系。彼らは，両親の友人の娘であったり，そしてその友人の友人とも友達になったりして，どんどん中国系の友人が増えていく。」

　また Monica や Katherine の場合は，両方の友人はいるが，中国系の友

人はそれ程多くないと以下のように語った。

 Monica 「私は，学校時代からの中国系の友人が数人いるけれど，中国系ではない友人の方が多い。中国語の補習校は，ただ黒板に向かって座って勉強をするだけなので，クラスの人と話すことができなく，友達を作れない。」

 Katherine 「イギリス人の友人の方が多いけど，中国系の友人もほんの数人はいる。でも，中国系の友人に会うことはあまりない。中国語の補習校では，中国系の友人ができたけど，他にも色々な文化的背景を持った友人がいる。」

第三は，友人関係がほとんど中国系の人に限られている者である。しかし，彼らも，学校に中国系が少なかったという状況は共通している。中国系の友人とどこで知り合ったのかも質問した。

 Karen「初等学校では自分だけが中国系の生徒だった。中等学校では，他の学年に1人だけ中国系の生徒がいた。その頃はイギリス人の友人もいたけど，今は親友は皆中国系よ。中国系の友人の中には，中国語の補習校で知り合った人とか，父の友人の子供とかいるけど，ほとんどはカレッジや大学で知り合った人よ。」

 Sarah 「私はそれ程社交的ではないので，友人は多くないけど，2人の親友は中国系の人で長い付き合いよ。彼らとは14，5歳の頃，バドミントンクラブで知り合った。」

 Susan 「親友は皆中国系よ。インド系やイギリス人の友人も少しはいるけど，親しくはない。彼らは教会を通して知り合った，クリスチャンの中国系。学校には，学年に中国系の生徒は1，2人しかいなく，多数派はインド系だった。でも，私の場合，学校での友人と，学校

第4章　語りにみるアイデンティティ形成過程の特徴　　　139

　　外の教会で知り合った友人とは別々なの。学校での友人はインド系
　　だったけども，私が親しくしているのは，学校外の教会を通して知
　　り合った友人で，中国系よ。」

　Ricky「友人のほとんどは中国系だよ。なぜって，白人がほとんどのイ
　　ギリスの学校に行っていたときも，中国語の補習校でも一緒の中国
　　系の友人と付き合っていたから。……中国語の補習校で知り合った
　　友人が，僕よりも一つ年下で，僕が行っていた学校に1年後に入っ
　　てきた。彼は，大家族で，僕よりも2，3歳年上の叔父さんがいた
　　りして，彼も僕の学校にいて，中国系は皆固まっていた。だから中
　　国系は皆お互いによく知っていた。」

　以上の語りから，中国系の友人とは，幼なじみや親の友人や親戚との付き
合いを通して，また中国語の補習校やバドミントンクラブで，あるいはクリ
スチャンである者は教会を通して，またイギリスの学校で少数の中国系の友
人と出会うことによって知り合っていることがわかる。
　特に，カレッジや大学では，中国人だけで固まって集団を作る傾向がある。

　Natasha「中国人は皆中国人同士くっついていて，固まっていた。特に
　　大学ではね。大学で私がいつも話していたのは中国語よ。すべての
　　文化が，それぞれの集団に分かれていた。中国人は中国人で，ブ
　　ラックはブラックで，南アジア系は南アジア系でというように。」

　そして，Natashaにとって中国人とは，同じイギリス生まれを意味し，
香港からの留学生との違いを感じている。

　筆者「中国人とは，香港からの留学生ですか，イギリス生まれですか。」
　Natasha「イギリス生まれ。香港からの留学生は，イギリス生まれの人
　　には友好的ではない。私達を何か見下しているような所があって，
　　私は彼らが好きではない。香港からの留学生の中にもいい人はいて，

幾人か友達はいるけど，ほとんどの人とは仲良くなれない。」
筆者「どこでイギリス生まれの中国人と知り合ったのですか。」
Natasha「中国語の補習校や，土曜の午後のバドミントンクラブよ。私は，どうしてイギリス生まれの中国人が皆バドミントンをするのかわからないけど。」

そして，こうしたバドミントンクラブや中国語の補習校を通して知り合った同じイギリス生まれの中国系の友人をもつことは，同じ背景の人の中にいる安心感を得られるのである。

Paul「私は，もっと幼い頃は学校には自分がクラスでたったひとりの中国人で，中国系の友人はいなかった。学年にも数人しか中国人はいなかったけど，その頃は，まだ出自については意識していなかった。でも，中等学校になるともっと中国人がいて，初等学校の頃よりも中国系の友人を多くもつようになった。彼らは自分とおなじだから。彼らとは学校では英語を話しているけど，家の背景は似ていることがわかっているので，とても自分には良かった。」

Monicaは，中国系の集団に加わらなかったのであるが，これは，自分の社交的ではない性格によると捉えている。

Monica「香港からの学生は，西欧人とは付き合おうとしないで，中国人同士で固まって，大きな中国人だけのグループを作っていた。彼らは一緒にいれば，中国語ばかりを話して，英語は話さないから英語が上達しないのよ。イギリス生まれの中国人も同じで，彼らだけのグループを作るのが好きで，それを楽しんでいる。中国人のグループの中にいれば，中国人であるというアイデンティティを失うことがなく，もっともっと中国人と付き合うようになる。彼らは，西欧的に振る舞っているのだけれども，中国人のグループにいることによって，中国人であるというアイデンティティを見つけること

第4章　語りにみるアイデンティティ形成過程の特徴

ができる。」
筆者「あなたはどうですか。」
Monica「私は違う。私は中国人とだけ付き合ってはいない。私はあまり友人と外出しないから。これは私の性格よ。私の妹なんか，沢山中国人の友達がいて，いつも外出している。一緒に中国語の補習校に行っていた時も，座って黒板を見ているだけなのに，彼女はもう多くの友人を作ろうとしているのよ。」
筆者「この国で育っているという背景が同じだから，付き合いやすいのですね。」
Monica「でも，たまには香港からの留学生とも一緒にグループを作ることもあって，一緒に外出したりして，大きなグループを作ったりもしている。」

　Jackの場合は，大学時代に香港の留学生の仲間に入っていて，イギリス人の友人とはほとんど付き合いはない。彼は，イギリス人であるのはパスポートだけであると語った。Jackが中国人であるというアイデンティティが非常に強いのは，大学時代に香港の留学生とのみ付き合っていたことが大きく影響していると考えられる。

Jack「友人は小さい頃から中国人だけで，大学では香港の留学生ばかりと付き合っていた。ガールフレンドも香港からの留学生で，彼女が来年香港に帰るので，自分も香港で就職をしようかなあとも考えている。……イギリス人の友人ができても，だんだん付き合っていくと，彼らはパブに行ったりするけど，自分はそういう所には行きたくないので，合わなくなって，友人ではなくなる。文化の違いかな。」

　以上の語りから，中国系の若者達は，初等学校や中等学校では中国系の子供が少ないのであるが，高等教育の時期になると，中国系の人とほとんど付き合うことはない者と，中国系のグループの中にいる人との両極の間で，そ

れぞれの個人が様々な友人関係を選択していることがわかる。そして，10代後半の時期に中国系の人とほとんど付き合うことのない者は，日常生活における中国的要素は親との関係にしかなく，イギリス人としての意識を強め，中国系のグループにいる者は，中国人としての意識を強めることが指摘できる。また，この時期の友人関係の選択は，その後の人生の人間関係のあり方を方向づけると考えられる。

4．香港での経験

中国系第二世代の若者の中には，親の故郷である香港を訪れた経験をもつ者は多い。10代後半から20代になると，香港で働いた経験を持つ者もいる。そして，10代後半から20代にかけて香港で過ごした経験は，彼らの文化的アイデンティティに影響を及ぼしている点が注目される。

Sarahは，21歳から23歳まで香港の建設会社で働いた経験を以下のように語った。

>Sarah「香港にいたとき，私は広東語が話せてとても助かった。香港の人と会話できたのは，私が中国的出自を持つから。そして，私には話すことでも書くことでも広東語の基礎があるから，沢山学んで，広東語をすぐに習得して，とてもうまくなれた。……香港に行く前は，話すことはできたけど，それ程でもなかった。でも，今は，広東語がとってもうまくなった。」
>
>筆者「なぜ香港で働こうと思ったのですか。」
>
>Sarah「私は，都市建設の技術者として働いていたのだけれども，香港は，新空港を作ったりして，国際的に就職市場が大きい。そして，広東語が話せる自分にとって，香港で職をみつけることはとても簡単なのよ。」
>
>筆者「香港での生活は楽しかったですか。」
>
>Sarah「楽しかった面とそうでない面がある。香港の生活様式は，物質的すぎて好きではない。人があまり礼儀正しくなく，理性的ではないと思う。15歳の時初めて香港の父の生家に行った時は，もっと

第4章 語りにみるアイデンティティ形成過程の特徴　　　143

　　ひどかったけど，良くはなってきていると思う。香港の人は，だん
　　だん外国に留学したりして，西欧社会の感覚や生活様式や文化も受
　　け入れて，良くなってきている。良い面は，食物がおいしくて，仕
　　事がとても速いところ。イギリス人よりもずっとよく働く。香港の
　　銀行でお金を送れば1日でできることが，イギリスではもっとかか
　　る。また，物価が安く買物もいい。」

　上記のSarahの場合は，香港で働くことによって広東語を上達させるこ
とができたのを喜んでいることがわかる。香港の人は，物質的すぎて好きで
はないと言いながらも，香港で広東語が上手になった彼女は，自らの中国的
出自をより確かなものとして感じている。
　また，Jackの場合は，大学で香港からの留学生達と付き合い，香港への
志向が強く，香港を訪れた経験をとても楽しかったと語り，将来香港に住む
ことも考えている。
　しかし，SarahとJack以外で香港を訪れた者は，香港を訪れた経験を，
香港は忙しすぎたり，物質的すぎたりすることによって，否定的に捉えてい
る。

　　Alice　「香港には6回行ったことがあるけれども，賑やか過ぎて，あま
　　　　　り長く居たくなかった。」

　　Mark　「香港には4，5回行ったけれども，ごちゃごちゃしていて，住
　　　　　みたくない。短期間行くのは楽しいけどね。」

　Mayは，香港での滞在経験を通して，香港の人と自分が異なっているこ
とを感じ，自分とは一体何なのか，葛藤をもたらされたことを語った。

　　May「大学時代の21歳の時に1年間香港で働いた経験がある。でも香
　　　　港は全然好きではなかった。なぜって香港の人とは，考え方が全く
　　　　違っていたから。香港の人は，とても自己中心的な感じがした。香

港で過ごすことによって，多くのことを学んだのは良かったのだけれども，自分の中にコンフリクトをもたらされた。自分は実際何なのかしら，より中国人なのかしら，よりイギリス人なのかしらと考え始めた。実際，自分が本当の香港人ではないことは，私を喜ばせた。彼らは，とても自己中心的で，物質的な人達だと思った。でも，依然私の背景であり，同じ民族であると思うと嫌えないのよね。でも私は彼らとは違った考えを持ちたいと思っている。香港にいるときは，とても不幸せな気持ちだったけど，イングランドに帰ってきたら，とても良くなった。……香港にいるときは，皆が私に英語で話しかけて，英語を勉強しようとしたのよ。イングランドにいるどんな状況よりも，自分が中国人であることに苦痛を感じた。自分の民族の人に『English girl』と呼ばれて，私は本当に困惑した。私は，なぜ『English girl』と呼ばれるのかと思い，いやだった。私は，イングランドで育ったのだけれども，イングランドにいる時はこんな気持ちにならなかった。」

　上記のMayの語りは，香港での滞在経験によって，自分が「中国人であること」「イギリス人であること」とは一体どういうことなのかを考えさせられ，イギリスでは味わうことのなかった感情を経験していることを示している。自分が「中国人であること」は，香港人であることとイコールではないことを痛感し，それを良かったと捉えている反面，では自分が「中国人であること」の意味は何なのかというアイデンティティの問題を突き付けられている。彼女は，香港の人と自らを差異化しているが，香港の人から「イギリス人である」として差異化されることには抵抗を感じている。自分がイギリス社会において「中国人であること」の意味が，香港に行ってわからなくなっているといえる。

　Evaの場合は，Mayのように香港の人から差異化されることに抵抗を感じてはいない。自分が香港の人とは異なっていて，他の国から来た中国人にみえることを肯定的に受けとめている。

第4章　語りにみるアイデンティティ形成過程の特徴

筆者「香港は楽しかったですか。」
May「ええ，香港が好きよ。でも香港に住みたいとは思わない。どうしてって夏がとても蒸し暑いし，人が多すぎる。皆がエアコンを使うので，外の空気が悪いし。そういう環境が好きではない。時々訪れるのがいい。」
筆者「あなたは，香港の人との違いを感じましたか。」
May「実際，香港に行くと，多くの人から私は中国人にみえなくて，私は台湾の出身とか，海外から来た東洋の女性にみられるのよ。私は，土地の人にみられなくてうれしい。私の上司が，地下鉄の中で私が香港の人ととても違ってみえたと言った。彼は，『あなたは香港の出身とはみえない』と言う。中国人に見えても，香港の人には見えないと言うのよ。でも，その方がいい。私は，香港の人に見られたくないから，異なってみられるのはうれしい。私は，外国から来たモダンな人に見られたい。モダンな旅行者にみられる方がいい。」

Karenの場合は，香港が自分の所属する場所ではないと感じ，混乱を招いている。

Karen「4年前に香港に行った時に，カルチャーショックを受けた。私は香港が大嫌いでとても帰りたくて仕方がなかった。香港が私の所属する場所であると思っていたけど，行ってみるととてもいやだった。だから自分はどこに属しているかわからなくなってしまった。」

またJudiやSimonは，香港を訪れた経験によって，自らが中国人ではないと思い，よりイギリス人としての意識を強めている。

Simon「5年前に香港に初めて行った時，30分で自分の広東語があまりにへたで，親族と話すことができないことがわかり，とてもカルチャーショックを受けた。その時，自分は中国人ではないと思った。」

Judi「私は今年2月に香港に行って，自分と香港の人とはとっても異なっていると感じて，もう自分のことを中国人ではないと思い，よりイギリス人としての自分を意識するようになった。」

筆者「香港は楽しくなかったのですか。」

Judi「楽しかったのは楽しかったのです。家族皆で出かけて，父も母もうれしそうで家族皆でいることは楽しかった。なぜなら，家族皆で出かけて，一緒に楽しむチャンスなんて，めったにないことだから。でも，香港の人は，とても無礼で，私は好きではなかった。」

筆者「なぜそう感じたのですか。」

Judi「ライフスタイルがとても早くて，お金儲けにばかり関心を持っているようにみえた。イギリス人の方が，もっと礼儀正しくて，時間に余裕がある。だから，私は好きではなかった。」

以上の語りは，香港での滞在経験が自分とは何かという意識に影響を及ぼしていることを示している。香港の人と自らを差異化したり，香港の人から差異化されたり，差異化されることに抵抗を感じたりする過程で，自らが「中国人であること」「イギリス人であること」とは何であるのか，その意味を問い掛けられることになる。

実際，自分が「中国人であること」を香港に結びつけて捉えているのは，香港への志向の強いJackだけである。彼以外の者は，「中国人であること」が香港に結びついてはいない。それゆえ，筆者は，彼らに香港返還に対する意見を聞いたのであるが，ほとんどの者が，知り合いの人を心配する程度で，香港でのことは自分とはほとんど関係のない，遠いものとして捉えていた。Monicaの語りには，それがよく表れている。

Monica「私は，香港で何が起こっているのかなんて全く知らない。1997年の返還のことでも，それがどのように香港の人に影響を与えるかなんてわからない。なぜなら，私はそこにいないのだから。人は，香港が返還されてどのように感じるかと聞くけれども，私は何にも感じない。私は，香港についてはあまり知らないのだから。

そして，私は，香港にいなくて，返還しても私には何も影響はない。」

Monicaの語りに示されるように，中国系であるからといって，香港のことを知っているわけでも，身近に感じているわけでもないのである。彼らにとって「中国人であること」は，親の出身地である香港と結びついてはいないのである。個人がそれぞれ自らその意味を作り出しているのである。

第4節　就　職　後

本節では，第一に就職に際して個人的にマイノリティとしての不利を被った経験があるのか，第二に集団としてのイギリスの中国系移民の現状についてどのように捉えているのか，どのような問題に直面していると考えているのかについて記述する。

1．就職に関する個人的経験

前に述べたようにイギリスの中国系移民は，第一世代においては8割以上が飲食業に携わっていたが，第二世代においては様々な職種に進出し始めている。ここでは，既に就職をしている者に，就職に際してマイノリティとしての不利を被ったかどうかを聞き，彼らの語りを通してイギリス社会における中国系第二世代の就職をめぐる現状の一端を示す。

インタビュー対象者で既に就職をしている者の中で，就職に際して，中国系であることによって不利を被った経験があると述べたのは，事務弁護士の資格を持ちながら，大学卒業後2年間，法律事務所へ就職できなかった経験をもつMartinだけであった。彼は，どのように中国系であることによって不利を被ったのかについては，詳しくは語りたがらなかった。しかし，彼は大学卒業後，事務弁護士の資格をもちながら就職できず，旅行会社でアルバイトをしながら，より高い資格を身につけるために，大学院の夜間コースにまで進んでいる。他方で，彼は，基本的にはイギリス社会では特に雇用においては差別があってはならないことになっていると以下のように語った。

Martin 「現在では，白人は非白人との公平な関係というものにとても注意を払っているのです。なぜなら，そういう法律があって，もしどのような形態でも差別をしたら，特に雇用とかで差別をしたら，これは，法律違反として犯罪になるのです。それに対する刑も重いので，皆言動にはとても注意を払っているのです。でも，他方で，そういうことに無関心な人もいて，彼らはイギリスは白人のものであるべきだと考えているのです。イースト・ロンドンやサウスイースト・ロンドンのような地域では，人種差別が路上で起こっていて，全く目をそむけたくなります。」

Martin の場合，非白人との公平な関係に社会が敏感になっていると感じながら，他方で人種差別が起こり，実際に自分も就職において中国系であることによって不利を被るという現実にぶつかっている。

また Jenny は，自分自身が中国人であることを意識し過ぎていることが問題なのであって，実際に就職するのには中国人として差別された経験はないと語った。

Jenny 「ただ，自分が中国人であることがわかっていて，それを意識し過ぎているだけだと思う。私の携わっているような社会福祉の分野では，機会平等であって，中国人であることによって，差別をしてはいけないことになっている。だから，私は中国人であることによって職を得ることが難しくなかったのだけど，それはすばらしいことだと思っている。」

大手の銀行で働いている Sonia は，中国人はイギリス社会ではまだ二級市民であると捉えられているが，彼女自身は，就職の時に中国人であることによって差別されたことはないと語った。

Sonia 「就職のための履歴書が返されたりしたことは何度かあったけど，それが中国人であることによるとは意識しなかった。政策によって，

第4章　語りにみるアイデンティティ形成過程の特徴　　　149

親の背景なんて聞けないのだから，中国人であることによって問題があったとは思っていない。」

また，幼稚園の教師として働くHelenは，就職には中国系であることは全く問題はなかったと語った。

　Helen「マイノリティが就職するのが難しかったのは昔のことで，今はずっと職を得やすくなっている。私が就職する時も何も問題はなかった。父の場合は，言葉の問題があるので就職は難しかったけど。」

グラフィック・デザイナーになろうと求職中のRickyは，就職状況は厳しいので，その人の国籍には関係なく，良い仕事をして認めてもらうことが重要であると語った。

　Ricky「就職状況は現在とても厳しいよ。だから国籍が何であれ，ベストを尽くさなくてはいけない。もし，一生懸命に働いて，良い仕事をしさえすれば，国籍なんかに関係なく，人には認めてもらえるから。」

さらに，コンピューター部門で働くDavidやファッション関係の仕事に就いているMayは，イギリス社会で中国人であることは，良いイメージを持たれていて，逆に有利であると語った。

　David「自分が中国人であることによって，自分は助けられていると思う。なぜってイギリス人は，中国人をとても知的でよく働き，問題を起こさない人達であると捉えているから。問題を起こさないから，良いイメージを持たれている。」

以上の語りから，インタビュー対象者の中では，中国系であることによっ

て就職の際に不利を被った経験を持つ者は，法律の分野以外，ほとんどいないことがわかる。そして，彼らは，イギリス社会がマイノリティに対する雇用差別を公に禁止していることを意識している。

2．中国系という集団の捉え方

　ここでは，インタビュー対象者が，イギリス社会での集団としての中国系移民の状況をいかに捉えているかについて記述する。筆者は「イギリスにおける中国系移民の状況をどのように思いますか。中国系の若者は，どのような問題に直面していると思いますか」と質問をした。このような質問から，各個人が中国系という集団としての問題をどのように捉えているのか，そして中国系という集団と自分とをどのように関係づけているのかを検討しようと思う。

　多くの者が，問題は以前はあったが，現在はほとんどないと答えた。

　　Jean　「中国人は飲食業に集中していたけれども，若い世代はそうではなくなってきている。またどこに住んでいるかで受け容れられ方は違っていて，ロンドンはコスモポリタンでとてもいい。ロンドンから外に出ると，差別や暴力があってよくないから。中国人が何かの問題に直面しているとは，自分がまだ学生なので，それ程感じたことはない。」

　　Victor「今の中国系の若い世代は，それ程多くの問題にぶつかっているとは思わない。どうしてって，私の中国系の知人の多くも，教育を受けて，資格を取っていて，何かをする基礎を身につけている。多くの人がそれぞれの分野でよくやっているよ。うまくいっていて，問題があるとは思わない。」

　　Monica「昔よりも状況はずっと良くなってきている。なぜなら，社会が異なった文化により意識的になったから，私が小さい頃に比べてずっといい。私が幼かった頃は，そういうことが意識されていな

かったから。人種について言及されることはあったけど，今はもっと慎重になってきた。だから若い世代の中国人は，ずっと状況は良くなっている。」

問題があると答えた者は，問題として人種差別を指摘した者が多い。

 Kwok「人種差別が問題だと思うけれども，地区による。いつもあるけど，中国系だけでなく，アジア系もブラックもいつも人種差別に直面している。また中華街で 10 歳位の少年少女がギャングに入って，暴力とかの問題に巻き込まれているのも問題だ。私は，そういう事件に巻き込まれてしまった人を沢山知っている。」

Sarah は，中国系移民の第一世代は，社会的に発言してこなかったので目立たない存在であったこと，自分より若い世代はあまり勉強をしないことを問題として指摘し，自分達の世代の問題としては，しいて言えばとして人種差別をあげている。

 Sarah「イギリスにおける中国人は，とても目立たないと思う。それは，私たちの親の世代が，レストランで働くだけで，社会的発言をしてこなかったから。議論をしないで，友好的であることが目立たない存在になっていたと思う。また，実際に私たちよりも若い世代は，とても西欧化して，あまり勉強に集中せずに，とても遊んでいる。私とは全く違っていて，私はもう古いのよ。私たちの世代は，もっと勉強した。」
 筆者「あなたの世代には何か問題があると思いますか。」
 Sarah「私たちの世代には，それ程問題はないと思う。人種差別はあるけど，それは中国人に対してだけでなく，他のマイノリティにもある。」

以上から，彼らは，集団としての問題として人種差別をあげ，またその程

度は地区によって違うこと，それは他のマイノリティにも共通する問題であると捉えていることがわかる。

人種差別以外では，飲食業から抜け出せないこと，アイデンティティの問題等が指摘されている。

 Peter 「2年前にサンフランシスコに行ったけど，中国人が色々な職種に進出していた。この国（イギリス）の中国人は，飲食業から抜け出せないでいるから，イギリス生まれがもっと他の職業に進出すべきだと思う。」

 Ricky 「私は，アイデンティティの問題があると思う。多くの人が勉強はできても，目的を失い，何を必要としているのかがわからなくなっている。イギリス人であり中国人であることをいかに自分自身で解決するかが難しいと思う。どちらにもフィットしないと感じる人は，香港に帰ったりする傾向がある。香港で，そうした文化に囲まれるともっと中国人になると思うんだけど，香港でもイギリスにいるのと感じ方は同じで，逆に香港の人との違いを感じることになる。……ムスリムの中でもこうしたことが起こり，多くの人が宗教に向かっている。アイデンティティや文化を見つけようとしても，どこにも望みが見つけられなくて，宗教の方へ向かうことになるんだ。」

また，Martinの場合は，同じ世代の中国系の人と全く付き合いがないことによって，中国系の直面する問題なんてわからないと答え，Eddieの場合は，関心がないと述べた。これは，自分が中国系という集団の一員であるという意識が薄いことを示しているといえる。

 Martin 「中国系の人の問題なんて，私にはわかりません。なぜなら，私は自分と同じ世代の他の中国系の人と親しく付き合っていないからです。確かに問題はあると思うのです。たとえば子供は親と全く

異なった社会で育っているので,親は子供の色々な問題を解決してやれないとか。でも,私は,自分と同じ世代の中国人と過ごしたことがないので,深刻な問題があるかどうかなんて,本当にわからないのです。……この国の中国人の関心は,ただお金を儲けることなのです。お金儲けがすべてに優先しているので,政治は全く重要ではないのです。」

Sonia は,自分たちが二級市民であるという意識が強く,これからの世代は,集団としての権利を摑む方向に向いていかなくてはいけないと述べている。そして,実際には他の人と連帯する基盤をもっていないことを語った。

Sonia「私たちは昔と同じようにまだ二級市民なのよ。今は随分少なくなってきているけど,人種差別もあるし。……政府は,この国生まれの中国人のために中国語を学ぶ新しい施設を作るお金がなくて,新しいものは作らない。だから,私達は,自分の背景を失ってしまう。香港では英語は必修ではなくなってしまったので,香港で英語を教えることもできない。どこへ行けばいいのかしら。香港の人は留学や仕事でイギリスに来るけど,コミュニケーションはないし,就職状況も悪くなっている。彼らの英語も標準ではないし。……現在,イギリス政府に中国語学校を創設するように求めて政治的運動に関わっている人もいるけど,展開できるかどうかわからない。……私の両親のように,多くの中国人は英語が理解できなくて,権利のために戦おうといっても無駄よ。……第二世代とその子供達が成長して,一緒に運動をすれば,権利を摑むことができるのではないかと思う。前の世代は権利を摑むことはできなかったけれども,私の世代や次の世代だったら,それはできると思う。でも,私たちは意見を主張することが苦手で力強く戦うことができないから,他の人達と一緒にやっていく必要があると思うけれども,私はだれもそういう人を知らない。だから一歩一歩時間がかかると思う。」

上記の Sonia のように，集団として問題を解決するために連帯することの必要性を示唆した者は，他にはいない。

一般的に中国系の若者は政治に関心がないと言われているが，パーカーは，中国系の数少ない政治的活動として，バーミンガムにおける「中国系青年プロジェクト」に着目し，自らもその活動に関わっている (Parker 1995：225-227)。そして，このプロジェクトは，1995年11月5日には，イギリス全土で初めての中国系の若者による全国会議を開催した。その目的は，第一に中国系の若者のプロフィールを示すこと，第二に中国系の若者に，同じ背景の人と出会い，共通の経験を分かち合えるような機会を提供すること，第三は，全国中国系青年組織を創設する可能性を探ることであった (Fan and Li 1996：7)。当日は，中国系の若者による演劇や六つのワークショップ[12]が開催され，100人以上の人が参加をした。パーカーは，このようなプロジェクトにみられるような中国系として集合的アイデンティティを強め，あるいは他のマイノリティや女性運動等と連動して，権利を主張していく方向に将来の可能性を示唆している。そして，こうした活動は，中国人であるという本質に基づいた絶対的な自己規定を超えて，他の多元的な自己規定とも連動する開かれたアイデンティティ形成につながると述べている (Parker 1995：228)。

筆者は，インタビューの際，この中国系若者全国会議についての意見を聞いたのであるが，インタビュー対象者全員がこの全国会議があることも知らなかったし，関心も低かった。中国系であることを主張して権利を勝ち取ろうとするような政治的な動きに積極的に関わりたいと思っている者はいなかった。皆，それ程自分たちの状況も悪くないので，必要ないと考えているのである。Ricky は，こうした動きは中国系であることを主張することによって，イギリス社会から分離してしまう可能性があることを指摘している。

> Ricky「バーミンガムでの中国系の若者の全国集会のようなものは，異なった文化の人が交わるのを妨げることになるのではないかと思う。中国人であるという立場を強固にし，分離して，他の人と交わろうとしなくなるのではないかな。白人とは葛藤はあっても，助け合っ

第4章　語りにみるアイデンティティ形成過程の特徴　　　　155

ていった方がいいと思う。」

　インタビュー対象者は，中国系という集団の一員としての意識が薄く，また集団としてまとまって自分達を主流社会にアピールしていかなければならないという必要性も感じていない。彼らにとって「中国人であること」は，個人的なそれぞれの経験を通して，個人によって意味づけられているといえる。第6章において，個人によって「中国人であること」「イギリス人であること」が，いかに意味づけられているのかを検討する。

注

1）聞き取りは英語によって行った。その際，テープレコーダーを使用し，聞き取りの後，テープを起こした。それを，筆者ができる限り意味や口調を損なわないように，日本語に訳して記した。
2）学校の種類とは，私立学校か公立学校か，あるいはマルティ・カルチュラルな学校であったか，白人が多数派を占める学校であったかについて聞いた。
3）これは，初等学校卒業後の10歳頃の経験であるので，思春期以前とはいえないかもしれないが，差別に対する対応として，この節で取り上げる。
4）パーカーは，アイデンティティ形成を人種差別に対する抵抗の戦略という視点から捉え，四つに分類している（Parker 1995：107）。第一は，「自己を支えるために，中国人であるという個人的な誇りを強く意識する。第二は，人種的な嫌がらせを大したことではないと捉え，アイデンティティにおける中国的な要素を区別し，それらを家庭という安全な私的領域や中国人の輪の中で保持する。第三は，地域へのアイデンティティをもち，協調し，受け入れられ，普通とみられることを望む。第四は本書では対象としていないが，パーカー自身のような中国人とイギリス人の親をもつ子供についてであり，家で中国的な文化的環境を持たないゆえに，人種差別に対して特殊な困難にぶつかる。
5）Alice は，筆者が聞き取りをしている途中で体調が悪くなり，聞き取りの半分は手紙のやりとりによって行った。この語りの部分は，彼女が手紙に書いて答えてくれたものである。
6）注5の Alice による筆者への手紙の続きである。
7）Jenny の差別の経験については，第4章第1節 104 頁の Jenny の語りに示されている。
8）ここでいうカレッジとは，16歳で義務教育を終えた後，18歳で大学に進学するまでの2年間通う。日本でいう高等学校にあたるものである。
9）彼は，バーバ（Bhabha, H.）やシャンバー（Chambers, I.）の本を読んだりした

ことがあると語っていたので，文化やアイデンティティに関する考え方や，ハイブリディティという概念によって自らを語ることは，そうした本に影響されていると考えられる。
10) Judi の場合の思春期の悩みは，質が異なっているので，ここではそれ以外の4名について述べる。
11) 親が自分の選択を受け入れてくれていないと感じているのは，親との激しい葛藤を経験し，現在でもわだかまりを残している Eva と May である。
12) 六つのワークショップとは，①レジャーとレクリエーション，②就職研修と職業，③人種差別，④教育，⑤文化的障壁／世代間のギャップ，⑥性と健康であった（Fan and Li 1996：12）。

第5章

教育の経験とアイデンティティ形成

　「第3章　アイデンティティ形成の背景——ロンドンにおける四つの教育機関——」では，中国系の子供達がどのような教育を受けているかについて，できるだけ包括的に記述をすることを試みた。本章では，そのような教育環境の中を経験としてくぐり抜けた中国系の若者にとって，そうした教育の経験がアイデンティティ形成にいかに関わっているのかを，語りに基づいて検討する。本章は，それによって，彼らの語りを通して内側の視点から，教育の果たしている役割を捉えなおすものである。

第1節　正規の学校教育とアイデンティティ形成

　正規の学校教育は，中国系の若者のアイデンティティ形成にどのような役割を果たしているのであろうか。

　まず，親の側は，子供がイギリス社会で生きていく上で，学校教育を非常に重視して捉えている点が指摘できる。子供の頃から親に一生懸命に勉強をするように言われたと語った者は多い。

　May　「私は，Oレベルが終わると，もうそれ以上勉強をしたくなかった。もっとおもしろいことがしたかったのだけれども，両親が教育を受けなくてはいけないと強く勧めたので大学に行った。今は大学に行って，学士の資格が取れたことを親に感謝している。」

　Peter　「自分の両親は，特別何かの職業に就くようには言わなかったけ

れども，すべての移民の親がそうであるように，頑張って勉強をしなさいと言った。店を手伝うことよりも，勉強の方を優先させてくれた。」

　親のこうした学校の勉強を重視する姿勢が，男子と女子の場合で違いがあったかどうかについては，ほとんどの者が違いはなかったと語った。しかし，男子には，特に長男にはテークアウェイ・ショップを継いでほしいという希望を持っていたり，女子には最終的には良い結婚を望んでいる場合もある。

　　Eva「両親は自分たちに教育がなかったので，がんばって勉強するように言った。勉強をして資格をとって，お金の儲かる仕事に就きなさいといつも言っていた。また，長男には，自分達のテークアウェイ・ショップを継いでくれるように望んでいるけど，弟にはそれは望んでいない。」

　　Tracy「母は自分が若い頃勉強ができなかったので，女性である自分にも勉強をするようにいうけど，やはり最終的には，女の子には勉強をしても，いずれは良い結婚をすることを望んでいる。」

　以上の語りには，親が子供達に学校で一生懸命に勉強することを望んでいることが示されているが，その背後には，自分たちと同じ飲食業から子供達は抜け出してほしいという願いがある。その手段として学業を重視し，子供が高い教育を受けることを望んでいる。しかし，親達は，実際には，英語もあまりできなく，イギリスの教育制度には無知である者が多かったため，例えば宿題の手伝いとか進路選択のアドバイス等はできなかった。この点については，現在，40代ぐらいの若い親も増えてきていることによって，状況は変化してきている面も指摘できる。彼らは，50代以上の親とは違い，英語力もあり，子供の学業に関して，どこの学校が良いというような情報を交換したり，家庭教師をつけたり，学校での親の集まりに参加したりもしてい

第5章　教育の経験とアイデンティティ形成　　　　　　　　159

る。

　では，第二世代の若者は，学校での勉強をどのように捉えていたのであろうか。以下の3名の語りは，親の学業重視の姿勢をプレッシャーと感じるのではなく，自ら主体的に勉強に取り組んでいたことを示している。

　　Sui　「親は自分達に一生懸命に勉強をするように言ったけれども，別にそれ程のプレッシャーにはならなかった。だって，自分でも勉強が楽しかったから。働くよりも勉強の方が楽しいよ。」

　　Sarah　「両親は，宿題をしなさいとか，勉強をしなさいとか言ったけれども，私たちは，言われなくても勉強は好きで，一生懸命に勉強をしたから，プレッシャーなんて感じたことはない。」

　　Susan　「私はとっても一生懸命に勉強をした。なぜなら，良い成績がとりたかったし，父が早世したという家庭の事情によって，私は母から心理的プレッシャーを感じていたから。母は，実際に私に勉強をするようにプレッシャーをかけることはなかったけれども，私は自分自身で，良い成績をとらなくてはと思った。だから妹弟達も一生懸命に勉強をしている。」

　Jeanは，自ら進んで勉強をして，現在大学院の博士課程で学んでいるが，中国人は面子や威信にこだわる面があり，娘が博士課程にいることを両親は誇りにしていると語った。

　　Jean　「両親は，私の成績が良いと喜んだし，教育を尊重し，高い教育を受けることを望んだけれども，プレッシャーはかけなかった。自分達と同じ飲食業には就いてほしくないと思っている。でも，私は親にプレッシャーをかけられて宿題をするのではなく，自分でした。……Aレベルが最初あまり良い成績ではなく，もう一度した時は良い成績が取れたのだけれども，それは親にプレッシャーをかけられ

たのではなく，自分自身でプレッシャーをかけた。良い成績を取れば，親も喜ぶと思った。親は最初私が博士課程に進むと言ったら心配したけれども，奨学金や助成金を取っているから，仕事を得たようなもので心配することはないと説明した。今では，娘が博士課程にいるのをとても誇りにしている。中国人は威信が好きで，面子にこだわる面がある。」

　前章で検討したように，思春期に「中国人であること」を否定的に捉えて，アイデンティティの危機を経験した者も，高等教育に進み，自分の好きな道を見出していく過程で自信を取り戻していた。
　また，多様な進路選択の過程については前章で述べたのであるが，親はお金の儲かる医者や法律家を望む傾向があるが，第二世代は，お金儲けよりも，自ら好きなことをすることの方を重視している傾向が指摘できた。Susan は以下のように語っている。

　　Susan 「私は，自分のことを中国人であるとは意識しているけれども，イギリス人と平等であると思っている。私は，彼らにできることは自分もできると思っている。」

　この Susan の語りに示されている，「イギリス人にできることは自分にもできる」という自信は，イギリス社会において平等に自己実現の道が開かれていると考えていることを示している。そして，それを可能にしているのは学校教育なのである。
　以下の Judi の語りは，この国の教育は，人をどこの出身にかかわらず，個人として扱うと述べ，イギリス社会の学校教育を，自己実現にとって肯定的なものとして捉えている。

　　Judi 「ここでの教育は，あなたのことをどこの出身ということではなく，人として扱うのです。私は，この国で生まれた中国系の友人はほんの少ししかいない。そういうことよりも，皆，人を個人として

第5章　教育の経験とアイデンティティ形成

捉えるのです。」

　マイノリティをめぐる教育政策の言説には，マイノリティを文化の差異によって排除する点が指摘された。しかし，中国系の若者の語りを通してみると，彼らは主体的に学業に取り組み，正規の学校教育は，イギリス社会の一員として，平等に自分のしたいことを追求し，職業に結びつけることを可能にするものであったといえる。

　また，マイノリティの多い学校に通ったほとんどの者とは違って，白人が多数派の伝統的な私立学校に通ったMartinの場合は，この伝統的な私立学校での経験を以下のように語った。

>　Martin　「私の通った私立学校では，イギリスが我々の国家であることが強調されていて伝統的な行事が保持されていました。例えば，夏休みの終わりには，弁論大会があって，親が皆やってきて，その年に成績がよくて，よくできた子は表彰されました。そして，そこで国歌を歌ったのです。ここで言葉で説明するのは難しいのだけれども，もしそこにいて，そうした行事に実際に出席していれば，どんなものかわかると思います。」

　Martinは，このような私立学校での経験を通して自らが「イギリス人である」という意識を培ったと語った。Martinにおける「イギリス人である」という意識は，上記のSusanやJudiの語りが示しているような，学校教育を通してイギリス社会で個人として平等に自己実現ができるという意識とは異なっている。Martinの場合，白人の上流階級が持っている国歌に象徴されるような国家意識を，伝統的な私立学校の経験によって培っている。

　さらに，中国系の若者に特徴的なこととして，親の店の手伝いに勉強時間を裂かれることが指摘できる。親がテークアウェイ・ショップやレストランを自営している場合，子供達は，10歳頃から例外なく親の店を手伝って働くことになる。インタビュー対象者31名の中では，16名が親の店の手伝いを経験している。例えばKarenの場合，大学生なので，授業がある時は週

末だけ，休み期間になると週に4日深夜まで手伝い，時給5ポンドをもらっている。Judiは，店の手伝いによって，自分の勉強時間を割かれてしまうことによるジレンマについて以下のように語った。

> Judi 「初等学校の頃は，宿題はそれ程なかったので良かったのですが，中等学校では宿題があるので，両親は先に宿題をするように言った。だから，4時頃帰宅して宿題をして，それから下の店に降りていって，6時半頃から9時半頃まで手伝った。両親は，12時まで働いていたけど，今は閉店時間を変えて，10時には閉店している。……今年の5月に，母親と口論をしたのよ。私は学校の復習をする時間がなくて，勉強がわからなくなってきて，母に抗議した。母が言うには，私は自分自身にプレッシャーをかけすぎていて，うまくいかないのは，時間がないからではないと言う。私は外出もせずに，テレビも見なく学生として勉強をしたいだけなのに，母は自分にプレッシャーをかけ過ぎていると言う。私は，本当に本当に混乱して，しばらく母と話せなかった。」

Judiは，調査時は大学1年生で，将来は博士課程に進みたいと考えているのである。しかし，親の店を手伝わなくてはならないため，勉強と親の店の手伝いの両立に苦しんでいることがこの語りに示されている。

また，親が子供に，店の手伝いよりも，勉強の方を優先させたと語った者もいる。

> Monica 「中等学校の頃は，両親がテークアウェイを営んでいたので手伝ったのだけれども，大きくなるにつれて，手伝うことはなくなった。なぜなら両親が店で働くと勉強に影響をするのではと心配してくれたから。週末だけは少し手伝っていたけど。私達は，店の二階に住んでいたから上がったり，下がったりしていた。」

> Sarah 「小さい頃は手伝っていたけれども，大きくなるにつれて勉強を

しなくてはいけなくて，また友達との付き合いもあって，時間がなくなるにつれて，手伝わなくなった。両親は，私たちに勉強をする時間をくれた。スタッフが足りなくて，どうしても手伝わなくてはいけないときだけは手伝ったけど。現在は，全く手伝っていなくて，勉強に集中している。」

　Eddie は，親が店を手伝うように言うことと，勉強をしなさいということは，同じメッセージを伝達していると捉えている。

　Eddie 「親が店を手伝うように働かせることと，一生懸命に勉強をしなさいということはどちらも努力することを伝えているので矛盾はない。」

　そして，以下の語りは，こうした親の店を手伝う経験は，親とは同じ職業に留まりたくないという思いを強くさせ，それが学校で良い成績を採ろうという思いに繋がっていることを示している。

　筆者「テークアウェイを手伝った経験は，あなたに何か影響を及ぼしましたか。」
　Judi「ええ，店を手伝った経験によって，学校で良い成績を取ろうと強く意識するようになった。私は，自分の人生をずっとテークアウェイに留まりたくないと思った。これは，私だけでなく，私の世代の私と同じように育っている人は皆そんな風になりたくないと思っている。母はいつも言っている。『あなたたちは大きな家に住んで，いい車を持つようになりなさいね』って。」

　Paul 「親のレストランで働くことによって，父と同じ仕事をしたくないと強く思った。」

　また，正規の学校教育の中での中国語教育については，それについての資

料を読んだり，学校での参与観察を通して見る限りは，体系的に行われているものではなく，それを受ける者は極く限られているので，母語教育としてそれ程効果はないと考えられた。しかしながら，インタビュー対象者の内，正規の学校教育の中で中国語教育を受けた経験のある2名は，それを高く評価していた。

Judi は，7歳から15歳まで，公立学校で週に1回広東語のレッスンを中国人教師から受けている。その教師から中国語のレッスンを受けていたのは，全校で10人から20人位の中国系の生徒であったが，レッスンは2，3人ずつの生徒に対して行われ，時には教師と生徒が1対1で行われることもあった。

　　筆者「何によってあなたは，自らが中国人であることを意識しましたか。」
　　Judi「7，8歳の頃から，学校で中国語のレッスンを受けたことによると思う。先生がとてもいい人で，私が中国語を勉強するのをとても励ましてくれた。」
　　筆者「中国語の補習校と，学校での中国語のレッスンには違いはありましたか。」
　　Judi「ええ，大きな違いがあった。イギリスの学校のは，より適切なもので，手紙の書き方とか，会話とか，書道とか中国の工芸も教えてくれた。補習校では本をざっと読んで，それを書いて，それだけなんだけれども。」

また Monica の場合は，中等学校においてのみ中国人教師から広東語のレッスンを受けていた。これは，正規の時間割にはなく，昼休みや休み時間に出席したい人だけが出席すればよかった。出席者は20人位で全員が中国系の生徒であった。

　　筆者「補習校と中等学校では，中国語レッスンに違いはありましたか。」
　　Monica「ええ。中等学校では，先生は手紙の書き方とか新聞の読み方

とかを教えてくれた。ソーホーの中国語の補習校では，本を読むことを教えるだけだった。本当にそれだけで，実践的でなく，実際に使うことのない中国語だった。また，中等学校の中国語のレッスンは，中国語の補習校よりも大変で，試験もあった。……中等学校で中国語のレッスンを受け始めた時，私は他の文化を持っていることを意識した。自分が人とは違っている面を持っていることを意識した。」

以上のように，JudiとMonicaは，正規の学校教育において受けた中国語教育を高く評価していた。またこの2人は，広東語でAレベルに合格したのであるが，それは中国語の補習校に通ったことによるのではなく，正規の学校教育の中での中国語のレッスンによって語学力をつけたからであると語った。つまり，正規の学校教育の中での中国語教育は，それを受ける者はごく少数であるが，受けた者にとっては，語学力をつける点においても有意義であり，中国人としての意識をもつことにも繋がっていたのである。

第2節　中国語の補習校とアイデンティティ形成

インタビュー対象者31名の中で中国語の補習校に通った経験がないのは，MartinとPeterだけである。2名以外は皆補習校に通った経験をもつ。通った年数は，2～5年が9名，その他の22名は，10～15年通った経験をもつ。10年以上通った者は，5歳位からG.C.S.E.レベルまで学んでいる。またLindaは，補習校で北京語を学習し，FloraとKwokの兄弟は，広東語をG.C.S.E.レベルまで学んだ後，台湾出身の母親に勧められて，2年間北京語を学習している。それ以外の者は，広東語を学んでいる。

しかし，これら補習校に通った経験をもつ者の内，中国語の読み書きができると答えたのは，4名だけである。4名の内，JudiとMonicaの2名は，正規の学校教育における中国語のレッスンも補習校と並行して受けていて，補習校よりも正規の学校教育における中国語のレッスンによって中国語の読み書きができるようになったと語っている。ほとんどの者は，たとえ10年

以上中国語の補習校に通っても，中国語の読み書きはほとんどできない。つまり読み書きの学習が中心の補習校は，その効果がほとんどないといえる。家庭での親との会話によって，日常会話はできる者が多いが，親とのコミュニケーションが不十分な場合，中国語をほとんど話すこともできず，聞いて会話の内容が理解できる程度の者もいる。正規の学校教育において中国語の教育が行われているのは例外的であり，イギリス社会の中で中国語を学ぶことのできるのは，この中国語の補習校だけである。しかし，そこに10年以上通っても，読み書きがほとんどできないことがわかる。以下，彼らが補習校をいかに捉えているのか，語りを通して検討する。筆者は「中国語の補習校は，楽しかったですか」と質問をした。

補習校が楽しかったと答えた者は，特に，友人と会うのが楽しかったと答えた者が多い。

 Katherine 「ええ，よかった。友達がよかったから，とても楽しかった。今でもそうした友達と付き合っている。でも試験はいやだった。」

 Helen 「楽しい時もあったけど，行きたくない時もあった。中国人の友人に会えるのが，中国語を学ぶことよりも楽しかった。でも，その補習校の友人には今は年に1度会うか会わないかだけど。」

Monicaのように，補習校では友人はできなかったと語った者もいる。

 Monica 「中国語の補習校ではただ座って，黒板に向かって勉強するだけなので，クラスの人と話をすることなんてできない。だから，友人なんて補習校ではできなかった。」

また，ほとんどの者が中国語の補習校には親に行かされたと捉えている。それゆえ，行っている時は楽しくなかったのであるが，成長してから振り返ると，親に感謝していると語った者もいる。

第5章　教育の経験とアイデンティティ形成　　　167

Simon「補習校に行っている時は，あまり好きではなく，いやいや通っていたけど，今になって思えば，もう少し一生懸命に勉強をすればよかったと思っている。でも，今は仕事で忙しいので，この年になって，もう一度中国語を勉強しようとは思わないけどね。」

Jack 「5歳頃には，親に行かされていたので楽しくなかった。でも大きくなるにつれて役に立つことがわかってきて，行かせてくれたことを親に感謝している。」

David「親に行かされたので通っていたけど，好きではなかった。でも中国系の友人ができたので，その点は親に感謝をしている。中国系の友人ができたこと以外，補習校にはいいことはなかった。」

中国語の補習校は読み書き中心であって，実際に使う会話は教えていないので，学習意欲や興味が持てず，内容が理解できなくなってしまうことが以下の語りに示されている。

Sonia 「補習校は好きだったけど，習った語彙を使う機会が全くなかった。勉強をしてきても，家で全く使うことはなく，また次の週に行くのです。家では広東語を話しているのですが，そうした会話と，補習校で習う書き言葉とは，全く違っていました。英語のアルファベットを発音するのとは違うのです。書かれた文字の発音の仕方は，アルファベットの方がずっと簡単。中国語を書くためには，本当に沢山の漢字を暗記しなくてはいけなくて，英語よりもずっと大変なことがわかりました。」

May「中華街の補習校は，あまり好きではなかった。広東語を理解することはとても難しいことがわかった。書くことがほとんどわからなかった。私は，いつも欲求不満だった。他の中国系の生徒は，自分が理解しているよりもわかっているように思えて，自分がとてもバ

カに思えて小さくなっていた。」

KarenやFloraは、補習校が自分にとって何もならなかったことを以下のように語っている。

 Karen「小さな街の補習校は、あまりいい学校ではなかった。読み書きを習っただけで、話すことは習わず、先生は、私たちに英語だけを話していた。そしてそこで習った読み書きも、もう今ではすっかり忘れてしまっている。」

 Flora「普通の学校は9時頃から3時ぐらいまであるのに比べて、ランガムの中国語の補習校は、短かすぎて、たったの2時間で時間の浪費のように思った。途中で休み時間まであって、1時間45分ぐらいで、私は何故自分がそこに通わなくてはいけないのか理解できなかった。土曜日が補習校に行くために半日になってしまって、全く時間の無駄だと思った。」

VictorとAliceは、幼い頃親に行かされていた中国語の補習校はやめているが、成人してから、再度自らの意志で中国語を学んでいる。

 Victor「5歳頃から5、6年補習校に通っていた頃は、全く好きではなく、やめたいと思っていた。それは、親に行かされていたからで、選択がなかったからだと思う。でも1年半前から（20歳になってから）もう一度補習校に行って、中国語を勉強をしている。小さい子と一緒に中国語を学んでいる。」
 筆者「なぜもう一度中国語を学ぼうとしたのですか。」
 Victor「最も大きな理由は、父とコミュニケーションがしたいから。」
 筆者「あなたにとって、現在の中国語の学習は役にたっていますか。」
 Victor「ええ、父と私はお互いを理解できるようになり、前より話すようになった。」

また，Aliceの場合は，7歳から10歳まで補習校に通ったけど，理解できなくてやめた経験があるが，大学を出てから教員養成コースを1年間終えた後，1年間北京語を学んでいる。北京語を学んだのは，中国人には必要であるし，将来中国へ行きたいからであると語った。

つまり，これらの語りから，第二世代にとって中国語の補習校は，読み書きを習うのみで，実際に家庭で使う中国語とはかけ離れ，週に1回そのような学習をしても効果がなく，親に行かされているから行くだけで，興味を失ってしまっていることがわかる。補習校で中国系の友人に会えることを楽しんでいた者もいるが，中国語を主体的に学んでいるのは，成人してから再度学び始めた者だけである。

第3節　教育の経験とアイデンティティ形成の特徴

ここでは，本章で検討してきた教育の経験全体が，中国系の若者のアイデンティティ形成にいかなる特徴を生み出しているのかを考察する。

前章で語りに基づいて検討したように，中国系の若者は，10代の初め頃には，ほとんどの者が，自らを中国人として位置付けていた。これは，家庭での生活様式から異なった文化を意識することによって，あるいは差別の経験という他者として差異化されることを通して，自分を「異なっている」と差異化することが，彼らの「中国人」という意識に繋がっていた。そして，それを肯定的に捉えている者も否定的に捉えている者もいた。

また，8割以上が飲食業に携わっている親の世代は，職業をお金儲けの手段として捉えているが，第二世代には，正規の学校教育を通して自分の好きな道を追求し，それを職業に結びつけようとする姿勢がみられた。つまり，彼らにとって学校教育は，イギリス人とは「異なっている」自分が，イギリス社会の一員として，平等に自分のしたいことを追求し，職業に結びつけることを可能にする手段であったといえる。そして，自分が異なっていることを否定的に捉えていた者は，その過程を通して，肯定的なものへと変換させていた。

しかし，この過程は，ほとんどの者にとって（MartinとKaren以外），イ

ギリス人との差異を打ち消すものではなかった。学校教育を通して，イギリス社会の一員として平等に自分のしたいことを追求していても，ほとんどの者は，中国人としてのアイデンティティを保持していた。しかも，それを否定的には捉えていなかった。

さらに，彼らは，居住地としてのエスニック・コミュニティを持たず，散らばって住み，週1回の中国語の補習校に通っている者は多いが，あまり効果はなく，中国語の読み書き能力は低いことが指摘できた。さらに，家庭では親は仕事で忙しく，子供とゆっくり関わる時間はなく，親とのコミュニケーション不足のために中国語を話すことができない者もいた。そして，新年に家族や親族が集まって食事をする位であり，特別な年中行事や通過儀礼，あるいは祖先祭祀は行われていないのが普通である。また，彼らは，中国系という集団として，まとまって人種差別や不平等に対抗しなくてはならない必要性も感じておらず，中国人であることを主張して，集団として主流社会に自分達の権利を認めさせていこうとする政治的活動にもほとんど関心がなかった。

以上から，中国系第二世代における「中国人である」という意識は，集合的なシンボルや中国的文化要素によって差異を強調されてはいないことがわかる。学校教育を通してイギリス社会での自己実現の道を主体的にみつけていくことは，個人的な過程であるといえるが，そこで保持されている差異の認識も，集合的なシンボルや文化要素に規定された既存の集団の一員としての意識ではなく，個人的な経験を通して保持されているものであることが彼らのアイデンティティ形成の特徴として指摘できる。それゆえ，彼らにとって「中国人であること」は，日常的な人々との関わりにおいて，あるいは政治的言説，歴史的言説によってその意味を押しつけられる中で，個人が自らの経験を通してその意味を多様に読み替えていくものである。またその過程で，「イギリス人であること」も意味付けされていくのである。次章では，それぞれの個人が「イギリス人であること」「中国人であること」の意味をいかに読み替えているのかという視点から，個人レベルの文化的アイデンティティの形成過程の多様性について検討する。

第6章

「イギリス人であること」「中国人であること」
—— 個人の経験による多様性 ——

　本章は，インタビュー対象者31名の自己形成過程において，各個人が自らの経験を通して，いかに文化によるアイデンティティを形成しているのかを，外部から規定される「中国人であること」「イギリス人であること」の意味が個人の経験の中でいかに読み替えられていくのかという視点から検討する。

1. 「完璧な英語を話すから，イギリス人である」

　Martinは，インタビュー対象者の中でただ一人，10歳の頃から現在に至るまで，自らをイギリス人としてのみ位置づけている。そして，「何があなたにイギリス人としてのアイデンティティを意識させたのですか」という筆者の質問に対しては，白人が多数派を占める伝統的な私立学校に通った経験によると語った[1]。そして，彼は，私立学校に行くようになって，それまでのロンドン訛りのある英語から，白人の上流階級の英語に変化したことを以下のように語った。

> Martin　「私は，私立学校にいくようになった10歳から11歳の頃に，自分がイギリス人であることを意識するようになりました。私立学校に行って数年で，私の話し方が突然変化したのです。私は，小さい頃は，雑なロンドン訛りで話していました。でも，私立学校での年月が，私の話し方を変えたのです。おもしろいことに，私に一度も会ったことのない人は，私が電話で話すのを聞けば，白人の上流階級のイギリス人と話していると思うのです。もし，その人が私に

会えば，想像していた人と全く違うので，とてもショックを受けるのです。」

彼は，この語りを，つまり自分の英語を電話で聞いて上流階級の白人だと想像する人が，会えばそうでないことに驚くことを笑いながら語った。彼は，自分が皮膚の色等の外見によって中国人に見られることは十分承知している。

 Martin 「私が中国人としてみられるのは，私の皮膚の色が違っているからなのは，はっきりしているのです。中国人の最も顕著な特徴は，細い目です。ある人を中国人と認識する第一の特徴は，細い目なのです。そして，日本人にも韓国人にも，マレーシア人にも，同じ特徴を当てはめようとするのです。人は，そうやって外見の特徴で人をみて，その人が実際にどういう人なのかは知ろうとしないのです。人の変わった所だけを捉えるのです。」

しかし，彼は，人が外見によって自分のことを中国人と捉えても，それを受け入れて自分を中国人であると位置付けていない。逆に彼は，皮膚の色等の外見によって人を規定すること自体を価値のないものと捉えている。自分の英語だけを聞いて，自分を白人の上流階級の人間だと間違えてしまう人を笑っているのであるが，「笑うこと」にはそれが示されている。「笑うこと」によって，外見によって人を判断することを意味のないこととし，そういう人達よりも自分を優位に置いている。彼にとっては，外見によって中国人として見られることは，自己規定にとって重要ではなく，間違えられる程完璧に白人の上流階級の英語を身につけていることに基づいて，自らをイギリス人であると位置づけている。そして，そのような白人の上流階級の英語を身につけさせてくれたのは，伝統的な私立学校での日々なのである。

実際には，彼は私立学校でも中国人であることによっていじめられた経験もあり[2]，また，大学で事務弁護士の資格をとっても2年間就職できず，中国人であることによって不利を被ったと語った。つまり，主流社会からは中国人として扱われ，それによって差別されたり，排除された経験もある。し

かし，彼は，そのように排除されても，それによって自らを中国人として位置付けることを選んでいない。彼は，外見によって中国人として判断され排除されても，完璧な英語を身につけていることに基づいて，イギリス人としてのみ自己を位置づけているのである。それができるのは，外見で中国人と規定することがいかに価値のないことなのかを認識しているからである。ここに彼の選択の主体性があると考える。現在は職場でも周りの人は，自分を平等に扱ってくれていて問題はないと語った。

　また，彼は，両親の出身地であるマレーシアには親近感を全く持っていない。マレーシアを訪れた時，お金によってしか人を判断しない人達に違和感をもったことを以下のように語った。

>　Martin 「マレーシアは，私が特に訪れたい国でもないし，私は，そこが両親の出身地であっても，親しみは感じないのです。なぜなら，自分が育った所とは完全に異なっているからです。私の会った人々は，とても浅薄で，人がどれだけお金を持っているかということだけにしか興味がないのです。私はそれがわかったとき，とてもいやでした。その時，私は自分のお金なんて，全く持っていなかったのですから。伯父の友人に紹介された時のことは，ショッキングな出来事として今も覚えています。その人は，株で大儲けをして，とてもとても裕福でした。彼の奥さんが，私を彼に紹介して，私がどんな人物なのかを一生懸命に話しているのに，彼は全くそんなことには耳を傾けなかったのです。彼は私に挨拶さえしないで，私をちょっと見て出ていってしまったのです。」

　この語りは，マレーシアで自分がお金をもっていないことによって親戚の人から見下された経験を語っている。そして，そのようにお金で人を判断するような両親の出身地の人と自分は異なっていると捉えている。彼にはお金によっても皮膚の色によっても人から判断されることのない自己のアイデンティティがあるという意識があり，それが私立学校で身につけた完璧な英語を話すことに基づいたイギリス人としてのアイデンティティに結びついてい

る。

それゆえ，彼は，自分にとって中国人としての出自は重要ではないし，中国語を学ぶ必要も感じていないと語った。また，これは，移民は主流社会に統合することが可能であるという見解に繋がっている。

> Martin 「私は，自分が中国人であるという意識はないのです。これによって，私は両親を失望させているのですが，でも他方で，私は別の考え方をしています。というのは，私は，移民は統合すること，つまり特別な処遇を要求することなく，イギリス人になることは可能であると考えています。……両親が異なった宗教をもっていると子供は統合することが難しくなります。私は，この国に移住してきたのなら，この社会に少なくとも統合しようとすべきだと思います。しかし，ここ数年，多くの人がイギリスに望んで来ているのですが，実際にイギリス人になろうとする人は少ないと思うのです。彼らは，国籍よりも，宗教的アイデンティティを保持しようとして，他の人にも押しつけようとさえするのです。」

このような見解をもった彼は，幼い頃から中国系の友人をもったことはなく，香港の音楽やビデオに親しんだことも全くない。外見によって中国人にみえることを「笑っている」彼が，イギリス人としてのみ自己を位置づけることをめぐっては，何ら葛藤はないのであろうか。筆者は，配偶者の選択についての彼の語りの中に，彼の心の揺れを感じた。

> Martin 「白人であろうと，中国人であろうと，ブラックでさえも，私は自分に適している女性を選ぶと思います。でも，中国人との結婚を望む親がそれを承諾しなかったら，私にとってはつらいです。最近は，もし自分が結婚したい人がいて，家族に反対されて，緊張関係になるのであれば，全く結婚をしない方がいいなあと思うようになったのです。」

彼は，同居している親との内面的な葛藤については語りたがらなかった。親のしつけ通り，小さい頃から現在に至るまで，できる時は夕食の皿洗いをする彼は，表面的には親に従順で，それ程口論することもなかった。自らをイギリス人として位置づけることを選択している彼は，中国人であるという意識が強く中国人との結婚を強く望む親と今後いかに折り合っていけばよいのかという不安があり，それが「結婚をしない方がよい」という語りに表われている。

2．中国人からイギリス人への位置取りの転換

KarenとJudiは，「中国人である」という意識をもっていたのであるが，10代後半において香港の滞在を経験したことによって，イギリス人としての位置取りに転換している。

Karenは，ロンドン近郊の小さな街で，白人が多数派を占める自分しか中国人がいない初等学校に通い，いじめられた経験を持つ。幼い頃はイギリス人と同じと思っていたのであるが，友人に「あなたは中国人で自分達とは違う」と言われることによって，自分が他の人と異なっていて，「中国人であること」を意識するようになったと語った[3]。その後17歳で香港に行った時，香港は自分の所属する場所ではないと感じ，カルチャーショックを受けたと以下のように語った。

> Karen「4年前に香港に行った時に，カルチャーショックを受けた。私は香港が大嫌いでとても帰りたくて仕方がなかった。香港が私の所属する場所であると思っていたけど，行ってみるととてもいやだった。だから自分がどこに属しているかわからなくなってしまった。」

そして，それ以降，自分は中国人ではなく，イギリス人なのだと思うようになり，現在の自分にとっては，もはや出自は重要なものではないと語った。

筆者「あなたにとって，中国系という出自は大切ですか。」
Karen「自分達がどこの出身であるかを知ることは良いことだと思う。

私は異なってみえるのは事実なのだから。でも，それだけであって，それ以上には自分の出自はそれ程問題ではない。なぜなら私は大学に行って，そこには多様な文化的背景の人がいたので，皆が混ざり合っていて，出自は重要ではなかった。歴史的なことには興味はあるけど，年を経るにつれて，自分にとって出自は大切なものではなくなってきた。自分は自分よ。」

　つまり，彼女の場合，学校で差別された経験によって他者として差異化され，それによって自らが異なっていることを意識し，「中国人」として位置付けていた。そこでは，「中国人であること」は両親の出身地である香港と結びつけて意味づけされていたと考えられる。しかし，実際に香港に行って香港が自分の所属する場所ではないと感じたことによって，その後「中国人」として自分を意識することはできなくて，「イギリス人である」という位置取りに転換している。

　この転換は，彼女の内面の変化であって，彼女を取り巻く状況は何も変化していない。イギリス人としての位置取りを選択している現在の彼女の友人は，主に大学で知り合った中国系の人ばかりであるし，10 歳頃から大学生である現在に至るまで，親の営むテークアウェイ・ショップを手伝って働いている。「イギリス人である」という位置取りへの転換は，香港での経験をきっかけに，香港と結びつけて意味づけされていた「中国人である」という意識がもてなくなったことに起因している。彼女にとって「イギリス人であること」は，他者から意識させられた「異なっている」ことにこだわることなく，香港ではなく，イギリス社会の一員としてそこに所属し，今後も生きていくことを意味すると考えられる。

　Judi の場合は，Karen の場合と違って，マルティ・カルチュラルな学校に通い，中国人であることによって差別をされた経験はない。彼女は，初等学校と中等学校において中国語のレッスンを受けたことによって，自分が「中国人であること」を意識するようになったと語った[4]。彼女は，14 歳で広東語の A レベルをとり，広東語の能力は他の中国系第二世代に比べて高い。筆者が最初に彼女にインタビューを行った時，彼女は 17 歳で，自分のことを

第6章 「イギリス人であること」「中国人であること」　　177

中国人であると思うと語っていた。しかし1年後，18歳で再会したとき，彼女の意識は変化していた。

 筆者「昨年の夏は，あなたは自分の事を中国人であると思うと語っていたのですが，今も変わっていませんか。」
 Judi「この2月に香港に行って，わからなくなった。」
 筆者「香港を訪れたのは初めてでしたか。」
 Judi「いいえ，一度目は8歳の時でしたが。今回行って，私はもう自分が中国人ではないと思い，香港の人と自分とは異なっていることを感じたのです。香港の人は私のことをイギリス人としてみるのです。」
 筆者「今は自分のことをどのように考えていますか。」
 Judi「私は，中国人であるよりも，よりイギリス人であると思う。ああ，私は，今それがわかった。(笑い)」

　彼女は調査後，日本に帰った筆者に手紙をくれたのであるが，そこには，筆者がインタビューしたことによって，1年前の自分から成長したことを自覚することができたと書かれていた。ここにはアイデンティティが，常に変化するものであり，語ることによって意識できるものであることが示されている。
　そして，彼女は，香港では生活様式がとても速く，人々はお金儲けにしか関心がなく，礼儀正しくないので，イギリスの方が好きであると語った[5]。つまり，香港の人と自分とが異なっていることを感じることによって，中国人として自らを位置付けることができなくなったのである。彼女は，自分の両親が，お金儲けにしか関心がなく，自分達子供の幸福については無関心であり，淋しい思いをしたと語ったのであるが，そうした両親にみる否定的な側面を，香港の人全体に感じることが，彼女にイギリス人としての位置取りを選ばせたと考えられる。
　現在彼女もKarenと同じように，親の営む店を手伝いながら大学生活を送っている。また彼女には，ほとんど中国系の友人はいない。筆者は，中国

系という出自をどのように捉えているのかを質問した。

> 筆者「あなたにとって, 中国系という出自は大切ですか。」
> Judi「時々は大切なこともあるけど, いつも大切というわけではないわ。」
> 筆者「時々とはどんな意味ですか。」
> Judi「自分がどこにいるかということです。もし, 私が大学にいれば, 出自は私に重要ではなく, 私はよりイギリス人です。でも家族やその友人と一緒のときは, 出自は大切になります。」
> 筆者「あなたは中国の文化的背景について学習する必要を感じますか。」
> Judi「ええ, とても重要なことだと思う。私は, 広東語でAレベルをとったのですが, 中国の歴史や文化も教えてもらったのです。そして, そういう学習をすることは, イギリス人であることを否定することなのではなく, なぜ自分に学ぶ必要があるのかを気付かせてくれるのです。」

　MartinとKarenは, 中国系という出自は現在の自分にとって重要ではないと述べていたのに対して, Judiの語りは, イギリス人としての位置取りを選択していても, 出自も大切であると捉えていることを示している。彼女にとってイギリス人としての位置取りの選択は, Karenのように, 他者から意識させられた「異なっている」ことにこだわらなくなることではない。お金儲けにしか関心のない香港の人と自分との間に距離を置くことなのである。お金儲けではなく, 現在専攻している薬学の道に進み, 将来は博士号をとりたいという彼女の生き方に繋がっていると考えられる。

　以上のように, KarenとJudiは, 香港での経験によって, それまでの「中国人である」という位置取りからイギリス人としての位置取りへと転換しているのであるが, そうした選択の背後にあるものは, 各個人の歴史によって異なっている。つまり「イギリス人である」ことの意味も, それぞれ個人の歴史から生み出されるのであって, 既存の「イギリス人である」という枠に自分を当てはめることではない。逆に, 主体的に「イギリス人である

こと」の位置取りを選択する人達によって,「イギリス人であること」の意味が新しく作り出されていっているといえる。それと並行して,「中国人であること」の意味も読み替えられているのである。

3．「親といるときは中国人だけど，それ以外はイギリス人」

インタビュー対象者の内4名は,「自分は中国人であるよりも,よりイギリス人である」とか「親といる時は中国人であるが,それ以外はイギリス人である」と語っている。彼らは,親との関係においてのみ中国人であって,それ以外ではイギリス人であると捉えている。

4名に共通していることは,初等学校や中等学校に通っている時から現在に至るまで,中国系の友人を持たず,中国語を話すのは親との会話に限られ,自らをとても西欧化していると捉えていることである。中国語の能力は,聞いて理解できる程度であり,読み書きはもちろんのこと,会話も流暢にはできない。中国系の友人からの影響がないこともあって,香港の音楽や映画にもほとんど興味がないし,中国的な年中行事にも全く関心はない。

MarkとDavidは,以下のように語った。

> Mark 「自分は,中国人であるよりもイギリス人であると思うのですが,文化的には絶対的にイギリス人です。家にいるときだけ,中国人と感じるのです。」

> David 「私は中国文化よりもイギリス文化の方をより知っているのです。」

上記の語りが示すように,4名は,自らのことを文化的には非常にイギリス的であると捉えている。しかし,他方で,家という私的な領域,特に親との関係においては中国人である自分を否定してはいない。中国的出自は,大切であると述べている。上述のMartinやKarenのように,出自にはこだわらないという姿勢ではない。

パーカーは,中国文化やそれへの帰属意識を家庭という私的領域に限定す

ることは，人種差別に対する抵抗になると指摘している（Parker 1995：208）。中国的な要素を私的領域に閉じこめてしまうことによって，公的領域での人種差別を防ぐという抵抗の仕方である。しかしながら，この4名は，自分が中国人であることによって差別された経験はなかった。

> Mark 「自分は友人にも職場でも受け入れられていると思います。差別されている人も知ってはいるけど，とてもまれなことです。イギリス人は，アクセントのない完璧な英語を話す人には何も言えないのです。」

つまり，彼らは，パーカーの指摘するような人種差別への抵抗として，「中国人であること」を私的領域に閉じこめているのではない。中国系の友人もいなく，イギリス人と同じ教育を受けることによって，当然，文化的差異はなくなるのであるが，他方で差別された経験もない彼らは，特に自分の「中国人である」という出自を否定する必要も感じないのである。彼らにとって「中国人であること」は，個人的な親との関係にしか基づくものがない。そしてこの4名は，親と多少の意見の食い違いはあっても，激しい葛藤を経験することもなく成人し，就職した現在でも親と同居している。そのような親子関係によって，親が中国人であるから自分も中国人であることを自然に受け入れている。しかし，前章で述べたように，4名の内Davidだけは，20代後半の現在になって，自分に対する自信を失っていると語った。彼は，中国語も流暢に話せず，中国系の友人もいないのに，より中国人になりたいと願うことによって不安定になっている。

> David 「この国で生まれた中国人が，他のこの国生まれの中国人と出会うことができ，中国人同士で集まれれば問題はないのです。しかし，私の場合のように，そうした中国人が見つからない人は，問題を抱え，アイデンティティの危機に陥ることになるのです。今の自分の状況は，そういう状況なのです。この国生まれの中国人は，大学に入ると，香港からの留学生とは付き合わなくて，インド系の友人の

第6章 「イギリス人であること」「中国人であること」　　　181

　　方が多くなるのです。香港からの留学生とは共通項がなく，インド
　　系の友人の方がロンドンで生まれているので共通するところがある
　　のです。でも，そうすると中国系の友人がいなくなってしまうので
　　す。」

　そして，彼は以前は親に対して従順であったのであるが，現在は親に対し
て葛藤を感じ，家を出たいと考えていると語った。

　　David「父は古い考え方で，他の兄弟のようにフラットを買って家を出
　　　　たいのだけれども，自分達は中国人で，中国式では家族を重んじて，
　　　　助け合わなくてはいけないのです。……自分はよりイギリス人なの
　　　　だから，父のいる家にいたくなく，家を離れたいと思っているので
　　　　す。」

　4名の内の他の3名も，Davidと同じように中国系の友人もいないし，中
国語もあまりうまく話せず，イギリス人との文化的差異はほとんどない。し
かし，彼らは，「中国人であること」を否定的には捉えていない。親との関
係においては「中国人であること」を受け入れ，一歩家を出れば，イギリス
人として生きていくことに葛藤は感じていない。Davidのように，もっと中
国系の友人をもって，もっと中国人になりたいとは考えていない。
　なぜ，Davidだけが，20代半ばからこうした悩みをもつようになったの
か，その複雑な心理過程を分析することは筆者の範囲を超えていると考える。
ここでは，Davidの妹であるMayが，兄について語った語りを示すことに
する。

　　May「兄は混乱していて，他の皆が持っているような領域を持っていな
　　　　い。彼は，一番年長の長男で，肩に大きな重みがかかっていたと思
　　　　う。他の兄弟は，皆彼を見て従う。でも，彼は，私にはとても欲求
　　　　不満を持った人間に見える。彼は今出口を探していると思う。でも
　　　　まだ見つけていない。私は兄にとってよいのは，家を出ることだと

思う。」

　妹のMayは，兄のDavidが長男であることによって，「肩に大きな重みがかかっていた」と語っている。Mayの場合は，10代から父親と激しい葛藤を経験してきたが，Davidは長男として父親に従ってきた。Mayが「他の皆が持っているような領域」というのは，自分に対する自信だと考えられる。Davidは20代後半になって，中国人でありながら中国系の友人も持っていない自分に対して自信を失っている。このように，Davidが中国系の友人をほしがっているのは，彼の肩の重みが長男であることだけではなく，中国人であることも重なっていることを示している。彼女が「兄にとってよいのは，家を出ることだと思う」と語っているのは，そうすることによって，兄が自信をとりもどすことができると考えているからである。その後，筆者がインタビューをした数ヵ月後，Davidがしばらくアメリカで生活するために旅立ったことをMayから聞いた。

4．親との激しい葛藤を乗り越えて

　EvaとMayは，「親といるときは中国人だが，それ以外はイギリス人である」と捉えている上記の4名と同じように，中国系の友人を持たず，中国語は聞いて理解できる程度であり，自らをとても西欧化していると捉えている。そして，「中国人であること」を，親との関係にしか結びつけていないことも共通している。彼らと異なっている点は，思春期における親との激しい葛藤から，第4章で述べたようなアイデンティティの危機を経験し，現在でも特に父親との関係においてわだかまりを残していることである。そして，それによって親との関係に結びついている「中国人である」という意識に，複雑な感情を伴っている。

　EvaとMayは共に，10代半ばに，父親に「中国人だから」と家事を強制され，外出を制限され，父親との間で激しい葛藤を経験している。父親から押しつけられた「中国人である自分」から逃れたくとも，逃れることのできない苦しみによって，アイデンティティの危機を経験していた。その後，二人は，厳しい父のいる家を離れて大学生活を送ることによって，「人として

の自分」を見出し,「中国人である」という枠から逃れることによって自信を回復していた[6]。

> Eva「両親は大変,大変厳しくて自由を与えてくれなかったから,もしロンドンの大学に行ったら,家にいて自由がなくて,友人もいなく何もできないと思った。私は,自分の人生を生きる決心をした。自分自身の人生を楽しもうと思ったので,ロンドンから離れた大学を選ぶことにした。私は,マンチェスターに行って,そこで初めて友人と付き合って,社会的な生活を送ることができた。そしてとても幸せになった。」

> May「私の父は,とても厳しかったので,子供たちは皆父を恐れて大きくなった。私達は皆,自分の可能性を見つける前はシャイだった。でも,私は大学に行く以前の自分ではない。大学に行く前は,とてもシャイで,すべてのことを恐れていたけど,今は違う。もっと自信があって,自分自身を肯定している。それは自分が父に対抗しているからであり,私は自信があって,人として生きている。」

また,このような大学における自信の回復の過程の中で,「イギリス人である」という位置取りを選択している。その後,EvaとMayは,自分の好きなファッションやデザインの勉強を職に結びつけ,大学卒業後,一旦は家に帰るが,現在は独立して両親と離れて暮らしている。中国系の友人との付き合いは全くなく,中国語を話すこともほとんどなく,2人は,現在の自分を非常に西欧化していて,イギリス的であると捉えている。

> Eva「私の友人は,『私のことを中国人かイギリス人かどちらにみえる』と聞くと,必ず皆,イギリス人に見えるという。」

> May「私の振る舞いは,とてもイギリス的であることを知っている。兄弟からでさえ,あなたは,他の人よりもよりイギリス的だと言われ

る。」

つまり，親によって押し付けられた「中国人である」という枠から逃れ，イギリス社会で生きていく過程を通して，彼女達は逆に非常にイギリス的になったと意識している。しかし，それによって現在も父親と対立することになるのである。

> May「私は，大学で実際自分が何であるかを見つけ，父が私を作るのではないことがわかった。自分自身を人として高めることができた。でもそのことによって，現在私と父との間にとても葛藤が生まれている。父は，私が人として自分自身を見つけることが好きではないのよ。これは難しいことなのだけれども，私はまだ父を尊敬しているのだけれども，父が私に望むようなことはできないし，そういう娘になれない。私を私として受け入れてくれたらと思うのだけれども，今の段階では，父は私にとても失望している。私のファッションの仕事が，父の考えているような医者や会計士や法律家ではないことを彼は悲しんでいる。私は，今の職で良い仕事ができるし，良い職業だと思っているのに。私は，今の仕事で認められてきて，以前にはなかった自信を持っている。」

Evaの場合は，20代前半にアイルランド人の男友達と知り合い，現在結婚はしていないが同棲をしている。両親は，その男友達を認めようとはしないと語った。

> Eva「母は，一度だけ彼に会ったことがあるけど，彼に教育がなく，お金持ちではないことに失望している。母は，いつも『あなたのことが心配なのよね』と言う。中国人の男性を探して，良い仕事を持った人と結婚しなさいと言う。私は，母にそんなことをしても私は幸せではないと言うのだけれども。父はそのアイルランド人の男友達のことは知っているけれども，一切その話はしない。」

第6章 「イギリス人であること」「中国人であること」

以上の語りは，2人とも，イギリス社会でそれぞれ自分の生きる道を見つけているのであるが，親からはそのように歩んできた自分を受け入れてもらえないことを示している。そして，Eva は，現在自分が「中国人であること」を以下のように語った。

> Eva「私は，両親の家に帰ったときだけ，中国人であることを感じる。また，香港に行って親族に会ったりすると，自分が中国人であることを思い出す。でもそれ以外はイギリス人よ。」
> 筆者「二つの側面を持っていることに何か困難はありますか。」
> Eva「いいえ，なぜなら私は，そういう風に育ってきているのだから。学校に行けばイギリス人と付き合い，家に帰れば父と母がいて。私は，すぐに切り替えるように育っているのだから。」
> 筆者「現在のあなたにとって中国系という出自は大切ですか。」
> Eva「出自，私はそんなこと気にしない。あまり大切ではない。」
> 筆者「中国文化の背景について，学ぶ必要を感じますか。」
> Eva「いいえ，おそらく自分の子供は，学ぶ必要はあるかもしれないけど，私には，そういう必要はない。」

つまり，Eva は，親や親族との関係においてのみ，現在においても自分を中国人であると捉えているが，それを現在の自分にとってそれ程大切であるとは感じてはいない。ただ，筆者は彼女の以上の語りに，父への感情が表われていると考える。

> Eva「私は，父を愛している。父もきっと私のことを愛していてくれていると思っている。父も私を愛している。でも状況はとても緊張している。」

厳しい父から逃れることは，「中国人であること」からも逃れることを意味していたのであるが，その後イギリス社会の一員として職を得，自信を回復して生きてきた Eva は，親との関係においては現在も中国人である自分

を否定はせず，父に認めてほしいという気持ちを持ち続けていることをこの語りは示しているのである。

May の場合にも同じような過程がみられるが，彼女の語りには，もっと中国人になりたいという中国人であることへのこだわりが表れている。

> May「私は，自分がとてもイギリス的であることを知っている。でも，まだ自分が中国人であることを忘れてはいない。まだ中国文化に敬意を払っているし，学ぶところは沢山ある。そして，まだ自分がその一部でありたいと思っている。でも，同時に自分がイギリスのことの方がよくわかっていることも知っている。……現在は自分がとてもとてもイギリス的であると思うのだけれども，数年後にはもっと中国人の友人もできて，自分の考え方も変わるかもしれない。でも今の自分は十分に中国人であるとは思えない。なぜなら家族以外中国人とは接することもないから。大変悲しいこと。――私は絶対に自分のことをイギリス人とはいわなくて，中国人という。」

上記の語りから，May は，自分がイギリス的であり，親との関係以外に中国的な要素がないことを悲しいと受けとめ，もっと中国人になりたい，イギリス人にだけなってしまうことを否定的に捉えていることがわかる。それゆえ，香港で1年間働いた際，香港の人と自分は全く異なっていて，自分の属する場所ではないと感じながらも，香港の人から「イギリス人の女性」と呼ばれることをとてもいやだったと語った[7]。他方で，彼女は，イギリス人と一緒の時の方がゆったりできるとも語っている。

> May「自分でも自分のどこがイギリス的でどこが中国的なのかわからないけど，中国人といればとても中国的になるし，職場でイギリス人の中にいれば，話し方や会話の方法も違って，イギリス人になる。今の職場は皆がイーストエンドの出身で，話し方はとてもゆっくりで，多くの俗語があってとってもおもしろいのよ。私は職場で何かを頼まれれば，とてもゆっくりするけれども，中国人の中にいれば，

第 6 章 「イギリス人であること」「中国人であること」　　　　　　187

　　もっと急いでする。……香港の人の中にいると私はリラックスでき
　　ない。自分自身に気を使って，自分のしていることを意識しなくて
　　はいけない。中国人は細かいことをとても気にする。違っていると
　　すぐに指摘される。とても意識して，間違わないようにしなくては
　　いけないのよ。イギリス人といると，もっと気分がリラックスして
　　くる。」

　このように，彼女は，自分がイギリス人といる時の方を好んでいるのであ
るが，中国人である自分も大切であると捉えている。筆者は，このような
Mayにみられる「中国人であること」へのこだわりの背後には，父に反発
しながらも，現在のありのままの自分を受け容れてほしいというアンビバレ
ントな気持ちがあると考える。自分をイギリス人とだけ位置づけてしまって
は，父を，そして自分の過去の日々を切り捨てることになり，父に受け容れ
てほしいという気持ちが彼女にそれをさせないのはないだろうか。彼女が敬
意を払っていると語った「中国文化」とは，彼女の父親なのではないかと思
う。それゆえ父親に対する複雑な感情が，「中国人であること」に対するこ
だわりとして語りに表れていると考える。

5．「中国人であり，かつイギリス人」

　インタビュー対象者31名の内16名は，「中国人でありかつイギリス人で
ある」と語った。
　この16名の中で，中国人でありかつイギリス人であるという自分を，「ブ
リティッシュ・チャイニーズ」とか「イギリス生まれの中国人」[8]として語っ
た者は4名である。
　Floraは，自分は中国人であるが，イギリスで生まれているので，「イギ
リス生まれの中国人」だと語った。

　　Flora 「初等学校には，中国系はほとんどいなかったけれども，中等学
　　　　　校には，私の学年に3人の中国系がいて，他の友達からよくここで
　　　　　生まれたのか，そうでないのかと聞かれた。その度に，私はここで

生まれたのよ。私はイングランド生まれよと言った。私は 100％中国人であるとは言えないと思う。でも，私は，イギリス人ではなくて中国人だと思う。ああそうか，私はイギリス生まれの中国人なんだと思った。」

Katherine も上記の Flora と同じように，「イギリス生まれの中国人」として自己について語ったが，筆者に聞かれたので答えただけで，それが自分にとって重要なアイデンティティとは考えていない。

 Katherine 「イギリス生まれの中国人。私は，イングランドに生まれているのでイギリス人だけど，中国人でもある。でも，私は，そんなことあまり考えない。私は，自分は自分であると思っている。私は，自分がイギリス生まれの中国人であることをいつも考えているわけではない。そうであることは知っているのだけれども，意識はしているけど，そんなこと言わない。」

この Katherine の語りは，自らがイギリス人であるとか中国人であるということが，自己形成にとってそれ程問題になったことがないことを示しているのである。

また，Monica と Natasha は，自らを「ブリティッシュ・チャイニーズ」であると語った。

 Monica 「私は，自分のことをブリティッシュ・チャイニーズであると思う。私は自分が中国人であることを知っているけど，文化は明らかにもっと西欧化していて，西欧的な志向を持っている。でも，まだ中国文化の存在も信じているけど，長くこの国にいるのでおそらく西欧的側面が強いと思う。だから，ブリティッシュ・チャイニーズと言わなくてはいけない。」

 Natasha 「ブリティッシュ・チャイニーズであると思う。なぜなら私は，

ほとんど中国文化について知らないから。文化についてほんの少ししか知らないのだから。月餅とかお正月のフェスティバルとか，そんなことぐらいで，詳しく知らないから。」

しかし，上記の4名が語った「イギリス生まれの中国人」とか「ブリティッシュ・チャイニーズ」という語り方は，第二世代の多くが自らを位置づける言説にはなってはいない。16名の内，4名以外は，こうした言説によって自分を位置づけてはいない。4名以外の者は，「完全な中国人でもなく，完全なイギリス人でもない」とか「両方である」という語り方をしている。

> Victor「どちらか一方であるとは思わず，両方であると思う。二つの混合であると思う。両方の世界を持つことがとってもいいと思う。文化的には西欧化しているので，イギリス人とも同一化できるけど，親を理解することもできる。だからどちらか一方ではない。でも二つは異なっているけど，だからといって混乱はない。」

また，幼い頃から自分を中国人として意識していた者が，10代になってイギリス人として自らを位置付けるようになるという仕方で，両方のアイデンティティを持つようになる者もいる。そうした場合の「イギリス人であること」は，「イギリス社会の一員である」と捉えられていたが[9]，Lindaは，他の語り方をしている。

> Linda「10,11歳になって中等学校に通い始めた頃，私は，マレーシアへ行くと，友達やいとこにロンドンのことを質問されたりして，マレーシアへ行くと，皆がマレーシア人である中で，自分はイギリス人であると感じる。だからマレーシアにいると，ロンドン出身であることを誇りに感じる。……また，ロンドンにいれば白人の友達が沢山いて，自分は異なった人種であることがわかる。でもマレーシアにいれば，周りはみな中国人で，皆マレーシア人で，自分はイ

ギリスに生まれ育ったのだから，私のアクセントもそうなのでイギリス人であることを誇りに思う。」

Lindaにとって「イギリス人であること」は，両親の出身地であるマレーシアで，自分が皆と違ってロンドンの出身であることを誇りに感じることによって意識され，イギリスに戻ってくると「中国人であること」を意識するのである。

そして，彼らは，中国人でもありイギリス人でもある自分を，肯定的に捉えている点が共通している。

Susan「私は，自分は完全な中国人だとは言えないと思う。なぜなら中国の年中行事を祝ったりするというような意味での伝統的な中国人ではないし，また，中国の音楽も聞かない。もし，私が中国語の補習校にずっと通っていたら違っていたかもしれないなとは思う。なぜなら中国語の補習校では，多くの中国系の友人の影響を受けるから。私は補習校に長くは行かなかったので，そういうこともなかったし，時々は中国映画を見て楽しんだりもするけど，私はそれ程中国的ではない。でも，他方で私は完全にイギリス人であるともいえなくて，完全な中国人とイギリス人との間の中間にいると思う。両方であり，完璧にどちらの側でもない。でも中国人であることはうれしいし，中国語がわかり中国的な遺産を持っていることはすばらしいと思う。中国的なことを楽しむと同時に，私はこの国に生まれてイギリス的なことも楽しむことができる。」

Alice 「私達は『バナナ』なんて呼ばれたりするけど，私はイギリス人であり中国人の両方であって，今はそういう自分をとても良いと思っている。」

Jean 「中国語も英語も話せるし，イギリス人であることと中国人であることは，とてもうまく折り合っている。私には，イギリス人の女

第6章 「イギリス人であること」「中国人であること」

の子に典型的な特徴もあるし，中国的な特徴もある。」

　Helenは，筆者の「あなたのアイデンティティの意識は，年齢によって，何か変化はありましたか」という質問に対して，年をとるにつれて，中国人である自分をより感謝するようになったと語った。

　Helen「私は，自分が中国人であることをより感謝するようになった。私は，もう一つ言葉が話せるのは，他の人よりも幸運だし，そうしたアイデンティティをもつことは良いことだと思う。私は，自分の文化を誇りに思うし，もっと知りたいと思う。だって，子供にだって，英語だけではなく，他の言葉を話す人がいることを教えることができる。幼稚園10)でも英語や中国語の本があって，時々，中国語の本を読むこともある。また，中国の新年を祝ったりするけど，それについて，私はよく説明できる。」

　さらに，Helenは，自分がどこにいるかという状況によって，アイデンティティが変化すると語っている。

　Helen「学校に行って友人を作るには英語を話さなくてはいけない。でもテレビでは中国映画を見たり，中国語の音楽を聞いたりもする。両方が混ざり合っている。だから自分がどこにいて，自分がどう意識しているかによって，変化するのよ。私は場面によって，違っているのよ。例えば学校にいれば，私はよりイギリス人になるし，イギリスの食物を食べる。でも家に帰って学校から離れれば，もっと中国人になる。多分両方が混ざり合っていて状況によって違うのね。」

　Victorは，自らの文化とアイデンティティについての卒業論文11)の中で以下のように語っている。

Victor「私は，父が私に説明しようとしていたことをわかり，理解し始めている。今私は，何によって自分が中国人であるのかを理解している。それは，私の中国語を読んだり，書いたり，話したりする能力を超えたものであることがわかっている。それは，皮膚の色とも関係はないのである。それは私が育み，私の中に育まれた何かである。私が生きてきた過去の年月の中で培った何かである。それは，私の父が私に与えてくれたもの，贈り物である。」

　Victorは，「中国人であること」を，皮膚の色や中国語の能力とは関係のない，自分の歴史，特に親との関係の中で培われた，父親が自分に与えてくれた贈り物として捉えることによって，自己を肯定しているのである。
　またSusanは，チャイナタウンを歩いていると，自分をイギリス人だと感じると語っている。

Susan「チャイニーズ・コミュニティ・センターというのは，まさしく中国的であって，新年にチャイナタウンなんかを歩いて中国人に囲まれると，私は自分がイギリス人だと感じる。自分は，彼らの一員ではないと感じる。チャイナタウンは，全く異質な世界だと思う。」

　以上の語りが示すように，彼らは，完全なイギリス人と中国人の中間にいて，両方が混ざり合っている自分を状況によって使い分け，そのような自分を肯定的に捉えている。そして，彼らの場合，「自分の文化」とHelenの語った「文化」[12]が，親との関係だけに基づくのではなく，他にも中国的要素が含まれていることが多い。それは，広東語が話せること，広東語のビデオや映画や音楽といった香港のポピュラー・カルチャーも含んでいる。パーカーは，中国語の読み書き能力がほとんどなくても，友達や家族を通して香港のポピュラー・カルチャーを部分的に理解し親しむことが，中国人としてのアイデンティティの要素になっていると指摘している（Parker 1995：146）。また，こうした香港のポピュラー・カルチャーが，ブラックや南アジア系の生み出した文化とは違って，主流文化に対してほとんどインパクトが

なく，支配への抵抗のスタイルとなっていないのは，それが私的なネットワークの中に留まっていて，公的な領域には結びついていないからであると述べている（Parker 1995：172）。確かに，第一世代は，深夜に香港の映画をビデオで見るのが最大の娯楽であるし，カラオケやラジオを通して香港の音楽に親しんでいる。ソーホー地区の中華街に行けば，香港で買うよりも高価ではあるが，香港のCDやビデオも手に入れることができる。それゆえ，親や中国系の友人を通して香港のポピュラー・カルチャーに親しむことは，中国的要素の一つになっているといえる。16名の内1名はイギリス人の友人しか持たないが，5名は中国系第二世代の友人しか持たず，それ以外は両方の友人を持っていると語ったのであるが，こうした中国系の友人を通して香港のポピュラー・カルチャーに触れることも，「自分の文化」の要素になっている。

6．中国人としてのみの位置取り

　自らを中国人としてのみ位置付けると語った者は，5名であり，全員が「中国人であること」を肯定している。しかし，彼らの「中国人であること」の意味づけの仕方はそれぞれ異なっている。

　Sui は，祖母や母の親族がすべてイギリスにいて，大勢のいとこに囲まれて育った。そして，大学では，香港の留学生の仲間の中で過ごし，その中に結婚を考えている女性もいる。彼は，ロンドン大学で経営学の修士課程を終え，調査時には親戚のレストランで働きながら職を探しているところであった。香港で職を探すことも考えていると語った。彼の場合，中国人としてのアイデンティティが強い。

　　Sui 「自分が中国人であることを誇りに思っている。私がイギリス人であるのは，パスポートにおいてだけだ。」

　Sui にとって「中国人であること」は，香港への帰属意識に結びついているといえる。香港出身の親族と頻繁に付き合う中で育ち，大学時代でも香港の留学生だけと付き合い何の違和感も感じない彼の中国人であるというアイ

デンティティは，香港に直接結びついているのである。逆にパブへ通うようになるイギリス人の友人とは，そういうことをしたくないので付き合えなくなると語った。音楽や映画の好みも一貫して香港のものが好きであると語った。このように「中国人であること」が香港と結びついている者は，インタビュー対象者の中に他にはいない。イギリスで生まれ育ち，イギリス社会で高い教育を受けているにもかかわらず，香港からの留学生のように香港への帰属意識があるのは，彼を取り囲む親族や友人の影響が強いと考えられる。彼は，数年前に父親を亡くしているが，父親の墓はロンドンにあり，位牌は香港にあるとのことである。墓参りには親族皆で行き，紙銭を焼くという。香港の生活様式をロンドンでも保持していると語った。

　Sarahも自らを中国人であると捉えているが，自分が「中国人であること」を香港に結びつけては語らなかった。

> Sarah「私は，この国で生まれて，中国語の補習校に行って，中国語やほんの少しだけ中国の歴史も勉強をして，中国の文化がとてもすばらしいことがわかったのです。私は，自分が中国人であることを誇りに思っています。この国生まれの中国人で，中国人と会わなくて，自分が中国人であることを無視している人もいることは知っています。彼らは，英語だけを話し，自分が中国人であることを隠そうとしているのです。私はそういう人をみるととてもかわいそうだと思うのです。なぜなら，いくら望んでも，いくら英語を上手に話しても，人は中国人とみるのです。それは，隠すことができないのです。髪を染め，コンタクトレンズで眼の色を変えても，依然中国人なのです。これは変えることのできない事実であり，そんなことをしても人は変装しているとみるだけなのです。」

この語りに示されているように，Sarahは，「中国人であること」を，皮膚の色に代表される肉体的特徴によって変えることのできない事実であると捉えている。また，それを中国文化と結びつけて語っている。

第6章 「イギリス人であること」「中国人であること」

>Sarah「中国人であることは事実なのです。それを変えることはできないのです。イギリス人は，中国の文化を理解し，学ぶべきなのです。中国文化も他の文化と同じように固有の歴史があり，すばらしい所を持っているのです。すべての文化には歴史があり，良い所も悪い所もあるのです。まさに，皮膚の色があなたがだれであるかを規定するのです。」

ここで彼女のいう中国文化とは，香港の文化ではなく，中国の長い歴史に培われた遺産であり，本質的な文化である。
他方で，彼女は香港で1年半働いた経験を通して[13]，香港の人に違和感を感じ，香港の文化よりもイギリスの文化の方がのんびりして自分には合うと語っている。

>Sarah「イギリスの文化は，もっとリラックスしていてのんびりしているけれども，香港の文化はもっと緊張していると感じました。イギリスの文化は静かだけれども，香港の文化はパニックだと思います。私自身はのんびりしていて，興奮したりしないので，よりイギリス的であると思います。」

この語りに示されているように，彼女は，香港の文化よりもイギリス文化の方が自分には合っていて，そういう点では自らをよりイギリス的であると捉えている。しかし，自分が「中国人であること」は，それとは関係なく，皮膚の色によって規定されている固定的なものとし，それを中国の本質的文化に結びつけて語っている。
Erikも，生まれた時からずっと中国人であると思ってきたと語ったのであるが，「中国人であること」を，外見によって規定されているものと捉えている。

>筆者「何があなたに中国人であることを意識させているのですか。」
>Erik「そのように見えるし，幼い頃から友人に『やーい，中国人』なん

て言われてきたから。」

　Lily の場合は，以下の語りを示すように，「中国人であること」を親や親戚や友人といった人間関係に結びつけて語っている。

　　筆者「何があなたに中国人であることを意識させたのですか。」
　　Lily「両親や親戚や友人，特に親です。」
　　筆者「多くの親戚がロンドンにいるのですか。」
　　Lily「母方に 7 人，父方には 6 人のいとこがいて，皆ロンドンに住んでいます。」
　　筆者「よく会ったりするのですか。」
　　Lily「ええ，お正月などの行事の時以外にも，よく一緒に食事をしたりします。」

　また Jack は，「親が中国人であるから自分も中国人であると思う」と語った。彼は，初等学校の時から現在に至るまでずっと親友は中国系で，少数の他のマイノリティの友人はいたが，イギリス人の友人を持ったことはない。そして，勉強を一生懸命にしてきたと語り，親の望む薬剤師の職に就き，現在その仕事に満足をしていると語った。そうした親の期待通りに自ら努力してきた彼の歴史が，親が中国人であるから自分も中国人であることを受け容れさせ，中国人としての位置取りを選ばせていると考えられる。

7．「中国人であること」の否定から肯定へ

　Jenny は中国人としてのみ自らを位置づけているが，思春期に中国人である自分を否定的に捉えた経験をもっている。
　彼女は，思春期において自分が中国人であることを意識するが，それは，厳しい両親にテークアウェイ・ショップを手伝わさせられたりすることによって，他の子とは異なっていることを認識したからであった。そして，思春期に中国人である自分を否定的に捉え悩んだ経験を持ち，その後高等教育に進学し，自分の興味ある分野を学ぶ過程でその悩みを抜け出していたこと

第6章 「イギリス人であること」「中国人であること」

については既に前章で検討した。

このような思春期のアイデンティティの危機やそこから抜け出す過程は，親との激しい葛藤を経験した Eva や May と共通しているところがある。しかし，Eva や May は，高等教育を受け，悩みを抜け出し自信を回復していく過程で，イギリス人として自らを位置付けるようになった点が Jenny とは違う。Jenny の場合は，自信を回復しても，自らをイギリス人として位置付けることはなく，その後もずっと中国人として位置付けているのである。

何故であろうか。彼女は，文化的には自分は非常に西欧化していて，中国語はほんの少し話せる程度であるし，香港の映画や音楽はそれ程好きではなく，食事も中国料理よりハンバーガーやチップスの方が好きであると語った。また，昨年初めて香港に行ったけれども，期待していたものではなく，香港は嫌いで，住みたいところではなく，自分はロンドンが好きで，ロンドンを楽しんでいると語った。つまり彼女にとって，「中国人であること」は，中国的な文化を身につけていることでも，香港への帰属意識に基づくものでもない。Eva や May との違いは，彼女が，親には反発を感じながらも従ってきたこと，また学生時代から中国系の友人だけをもち，職場も中国系の社会福祉事務所であり，中国系の人とだけ付き合っていることである。そうした彼女の人間関係の在り方が，彼女の中国人としての位置取りの選択に影響していると考えられる。

8．宗教と文化へのアイデンティティの交錯

ここで，中国人としてのアイデンティティとクリスチャンとしてのアイデンティティの関係について触れておきたい。

1991年センサスによると，中国系移民の58％は無宗教で，23％がクリスチャンである（Modood and Berthoud eds. 1997：17）。インタビュー対象者の中では，クリスチャンである者は，6名である。Victor は，クリスチャンであることは，中国人であることとは関係のない別のものであると答えた。しかし，それ以外の者は，クリスチャンであることが，自分にとって最も大切なアイデンティティであると語った。自らを中国人としてのみ位置付けている Jack は，9歳の時，家族の中で自分が一番にクリスチャンになってい

るが，以下のように語っている。

> Jack 「私は中国人である自分を誇りに思うということはない。つまり，自分は自分であって，私にとって，何よりも自分がクリスチャンであることが一番気持ちが良い。クリスチャンであることが中国人であることよりも大切である。」

また，Aliceも，クリスチャンであることの自分にとっての重要性について語っている。

> Alice 「私は，学校で初めてキリストについて聞いたのですが，彼を自分の個人的な救世主として受け容れたのは，中国語の補習校によって催されたサマースクールでした。だから私は，中国人であることがクリスチャンになることを妨げているわけではないと思うのです。他の中国系の友人に，私の信仰を伝えようとした時，ほとんどの友人はクリスチャンであることと中国的生活様式を結びつけることができないと言いました。彼らは，キリスト教を西欧のものとして捉えているのですが，一度神と深い対話をすれば，キリストがもたらした挑戦的なメッセージにこそ，試練があることがわかるのです。……ある意味では，私のクリスチャンであるというアイデンティティは，中国人であるとかイギリス人というアイデンティティに優るものです。それは，永遠のもので，私は自分が誰であり，どこから来ているのか，そして人生の意味をそこから得ています。クリスチャンであることは，皮膚の色や人種や伝統や文化をはるかに超えた，皆が愛される家族や王国や国家を持っていることも意味しているのです。まさしく最高のアイデンティティなのです。」[14]

Aliceは，自分は「神の国の市民（citizen of Heaven）」であるとも語った。Victor以外は，Aliceのように，クリスチャンであることが自分自身にとって，何よりも大切なアイデンティティであると捉えている。

第6章 「イギリス人であること」「中国人であること」 199

　ロンドンには中国系の人々だけが行く教会が5ヵ所あり，中国語でサービスを行っている教会もある。クリスチャンになった中国系の人は，中国系の教会に出入りするので，中国系の人と付き合うことが多くなることが指摘できる。クリスチャンであることは，西欧化を意味し，中国人であることと対立すると捉えるよりも，散らばって住む中国系の人に同じ中国系の人と出会う機会を提供するという面の方が，文化的アイデンティティの形成に影響を与えているといえる。

　以上の考察を通して指摘できることは，特定の経験への対応が中国系の若者の文化的アイデンティティの選択に影響を及ぼしているのではなく，様々な経験に対する個人の対応の集積が，個人にその時点での位置取りを選ばせていることである。既にある固定的な文化の内面化によって文化的アイデンティティが形成されるのではなく，個人が様々な経験における周囲の人々との日常的な相互作用の過程で，外部から規定された「イギリス人であること」「中国人であること」の意味を読み替えることを通して，自らをそこへ位置付けているのである。
　例えば，学校での差別の経験を通して，他者として差異化され，中国人というラベルを貼られるが，MartinとKarenは，そのような経験を自らが「異なっている」という意識に結びつけず，他者として差異化されることを打ち消し，イギリス人としての位置取りを選んでいた。そこでは，「イギリス人であること」は，外部の言説の規定する「白人であること」ではなく，Martinの場合は「完璧な英語を身につけていること」に，Karenの場合は「他者として排除されているという意識を打ち消し，イギリス社会の一員として生きて行くこと」に読み替えがなされていた。
　親との激しい葛藤を経験したEvaとMayは，「中国人であること」を「外出をしないで家事を手伝うこと」として押しつけていた父親から離れ，イギリス社会で自分の道を見出してイギリス人としても自らを位置付けている。しかしこのような現在の自分を父親から「イギリス的すぎる」と言われ，受け容れられていない。彼女達は，親に反発しながらも，ありのままの自分を受け容れて欲しいという複雑な気持ちをもっている。それが自らが「中国

人であること」へのこだわりに表れていた。また，香港を訪れることによって，香港の人と自らを差異化した者は多く，「中国人であること」が香港への帰属意識と直接結びついているのは，1名だけであった。さらに，中国系の友人を全く持たない者は，中国的要素に触れる機会がなく「中国人であること」が親との関係だけに結びついたものとなる。同じイギリス生まれの中国系の友人をもつ者は，「中国人であること」が個人的な友人関係の輪の中で肯定され，香港の音楽やビデオにも親しむ機会が増える。このように，文化境界のアイデンティティ形成においては，個人が，人生の様々な経験を通して，周囲の人々との相互作用の中で，外部から規定される文化の違いに基づく言説の意味をそれぞれが多様に読み替えることによって，自らの位置取りを選んでいる。本章の考察では，そうした個人の選択の生み出すアイデンティティ形成過程の多様性を示した。また，インタビュー対象者の半数が，イギリス人でありかつ中国人であるというアイデンティティをもっていて，それを肯定していることは，それが中国系第二世代のアイデンティティ形成のあり方の主流であることを示しているといえる。

　主流社会から否定的イメージを与えられる「中国人であること」を，集合的な主体として自らが肯定的なものとして語ることによって，被抑圧的な状況からの解放を求める運動は，中国系第二世代の間にはほとんどみられない。彼らは，一人ひとりがイギリス社会で生きる過程で，その個人の歴史を通して外部から規定される「中国人であること」「イギリス人であること」の意味を読み替え，自己を肯定しているのである。これまでのマイノリティのアイデンティティについての研究は，集合的な主体として自らの本質を肯定的なものとして語ることによって解放を求めていくような，いわゆるアイデンティティの政治に目を向けてきた。しかしそうした運動の外にあって，主流社会で「普通に」自らのアイデンティティを肯定して生きている個人については，ほとんど研究されていないといえる[15]。本章においては，そうした個人レベルのアイデンティティ形成過程の多様性に焦点を当てて考察したところに意義がある。

注

1) Martinが私立学校での教育によってイギリス人であることを意識したことについては第5章第1節，161頁のMartinの語りに示されている。
2) Martinのいじめられた経験については，第4章第1節，102-103頁のMartinの語りに示されている。
3) Karenの差別をされた経験については，第4章第1節，101頁のKarenの語りに示されている。
4) Judiの正規の学校教育の中での中国語のレッスンの捉え方については，第5章第1節，164頁のJudiの語りに示されている。
5) Judiの香港の経験については，第4章第3節，145-146頁のJudiと筆者のやりとりに示されている。
6) EvaとMayの思春期におけるアイデンティティの危機とその後の自信の回復過程については，第4章第2節と第3節において検討した。
7) Mayの香港の経験については，第4章第3節，144-145頁のMayと筆者のやりとりに示されている。
8) 「イギリス生まれの中国人」とは，「British Born Chinese」であり，頭文字をとって「BBC」という。これは，イギリスの放送局の名称と同じで，そういう点を含めた自称として使われている。
9) これは，Aliceの第4章第1節，110-111頁の語りに示されている。
10) Helenは，幼稚園の教師をしている。
11) Victorは，聞き取りの後，筆者に自分の書いた卒業論文のコピーを渡してくれた。'Migrancy, Culture and Identity'という題の1996年に提出されたBA thesisである。
12) Helenの第6章，191頁の語りの中で使われている。
13) Sarahの香港での経験については，第4章第3節，142-143頁のSarahと筆者のやりとりに示されている。
14) この語りは，筆者との手紙のやりとりの中で書かれたものである。
15) 伊藤は，日本のアイヌ研究について同じような見解を示している。一握りのリーダー的なアイヌの表象する〈アイヌ〉と他のアイヌの考える〈アイヌ〉との間にはずれがある。そこから見えるのは，〈アイヌ〉の人々の想像する〈アイヌ〉の多様性である。それぞれがそれぞれの〈アイヌ〉を創造／想像しているのだ。……和人とアイヌとを生活文化で比較すれば，差異よりも共通性の方がはるかに多い。アイヌ「民族」「文化」は（観光・博物館・マスメディア等を媒介として）想像されるものになりつつあるということである。我々は，支配的なアイヌ表象の影でかき消されがちな，アイヌが想像する多様な〈アイヌ〉と，そうしたアイヌ像が生起する場の複雑さとを微視的にみていかなければならないだろうと指摘している（伊藤 1996：310）。本章で示した中国系の若者のアイデンティティの多様性は，伊藤がアイヌ研究において指摘したような「普通に」生きる個人がそれぞれに想像した「中国人であること」の多

様性,「中国人であること」も打ち消してしまう場合も含まれる多様性であるということができる。

終 章

受け容れるアイデンティティから
選び取るアイデンティティへ

　本書は，イギリスの中国系移民を事例として取り上げて，第二世代の若者が実際にいかなる教育を受けているのかを総合的に捉え，主体としての個人が，そうした教育の経験を通して，親の背景にある文化と主流社会の文化との境界領域で，いかに自己のアイデンティティを形成しているのか，その過程と特徴を解明した。この最終章では，これまでの検討をまとめ，結論と今後の課題を述べたいと思う。

　第1章で述べたように，本書の中心的概念はアイデンティティであるが，自己アイデンティティの中にすべてのアイデンティティが位置づけられているものとした。そして，ギデンズ（Giddens 1991）の指摘するように，自己アイデンティティを自己についての一つの物語を持続して語らせる力であると捉え，個人の語りの中に自己アイデンティティ形成過程を捉えた。語りの中で，記憶や回想を通して，アイデンティティが構築され，表象され，変化するのを記述した。これらインタビュー対象者31名の語りは，筆者と彼ら一人ひとりとの相互作用の中で生み出されたものであった。また，本書では，文化によるアイデンティティを位置取りとして捉え，特に，親の背景にある文化と主流社会の文化との境界領域での自己形成において，いかに文化によるアイデンティティが形成されているのかを個人の語りを通して検討した。

　その結果，中国系第二世代（1名以外）は，約10歳位までに，差別の経験や自分の容姿，またテークアウェイ・ショップを営んでいる中国語しか話せない親のいる家庭を意識することによる「異なっている」ことを認識し，中国人としての意識を形成していた。そして，10代前半の思春期には，いわゆるアイデンティティの危機を経験した者とそうでない者がいた。ここに

おけるアイデンティティの危機とは，親の店の手伝いや家事をしなければならないのは「中国人であるから」と親から押しつけられ，他者から外見によって中国人とみられてしまうゆえに，そうした「中国人である」という自分にはめられた枠から逃れることができない苦しみであった。しかし，そのような経験をした者も，その後高等教育に進学し，自分の好きな道を追求する過程で，悩みを乗り越えていた。彼らは，逃れられないと思っていた「中国人である」という枠から抜け出し，「人としての自分」を見つけることによって，自信を回復していた。この過程で，イギリス人として自らを位置づける者もいた。

移民第二世代は，二つの文化の狭間にいることによって，二つの文化的価値の違いによって，アイデンティティの危機や世代間の葛藤に悩む存在であるとする言説は，実際の彼らを捉えてはいないことが指摘できた。

また，中国系第二世代には，正規の学校教育を重視し，それを通して親の8割以上が携わる飲食業から抜け出したいという思いが強くみられ，大学進学率も非常に高いことが指摘できた。マイノリティの教育をめぐる政治的言説は，彼らを文化の差異によって排除しようとするものであった。しかし，実際の彼らにとっての学校教育は，イギリス社会の一員として，平等に自分のしたいことを追求し，職業に結びつけることを可能にするものであった。第二世代は親の世代とは違い，様々な職種に進出しようとしている段階であった。

他方で，イギリス社会の学校教育を受けても，ほとんどの者は，中国人としてのアイデンティティも保持していた。彼らは，居住地としてのエスニック・コミュニティを持たず，散らばって住み，週に1回の中国語の補習校に通っても，ほとんど効果はなく，中国語の読み書き能力が低いことが指摘できた。学校教育を通してイギリス社会で自己を実現させていくことは，個人的な過程であるといえるが，そこで保持されている差異の意識も，集合的なシンボルや文化要素に規定された既存の集団の一員としての意識ではなく，個人的な経験を通して保持されているものであることが特徴として指摘できた。彼らの文化によるアイデンティティは，個人が自らの経験を通して選択し，意味付けていくものとなり，多様性を呈していた。特に，思春期以前に

終章　受け容れるアイデンティティから選び取るアイデンティティへ　205

は，学校での差別の経験が，思春期には親との関係が，高等教育の期間では友人関係や香港での経験といった個人の歴史が，アイデンティティの形成に影響を及ぼしていた。そして，彼らは，両方の文化の往来の中で，自己の位置取りを主体的に選び取っていた。その多様性については，特に第6章において分析した。

　そこで示されたアイデンティティ形成過程の多様性は，二つの文化の意味空間のどちらをどの程度内面化しているのかという，従来の教育人類学的研究の基づいてきた視点によっては説明できなかった。ここでの多様性は，個人の歴史における周囲の人々との日常的な相互関係の中で，他者として差異化されたり，それを打ち消したり，自ら差異化したりして，自他の境界線を引き直しながら，外部から規定される「中国人であること」「イギリス人であること」の意味を読み替え，自らを位置付けていくことによって生み出されていた。つまり，個人は既存の文化を内面化することによって，文化的アイデンティティを形成するのではなく，周囲の人々との日常的な相互関係の中で，固定的な文化概念に基づく言説によって押しつけられた意味を読み替えて自己の位置取りを選んでいるといえるのである。主流の言説では，「イギリス人であること」は「白人であること」であり，「中国人であること」は，本質的に西欧とは異なった中国文化あるいは中国料理に結びついたものとして捉えられていた。しかし例えば，MartinとKarenは，外見によって中国人という他者として差異化されることを打ち消し，イギリス人であるという位置取りを選んでいた。Martinにとって「イギリス人であること」は「完璧な英語が話せること」であり，Karenにとっては「イギリス社会の一員として生きていくこと」として，意味の読み替えがなされていた。これは主流社会からの排除に対する抵抗としても捉えられるが，彼らは，抵抗として自覚的に行っているのではなく，個人としてイギリス社会で生活していく過程で意味の読み替えがなされていた。また「中国人であること」もそれぞれが自らの経験を通して様々に意味づけをしていた。

　サッチャーからメージャーと続く保守党政権のイデオロギーにみられる，イギリス文化とマイノリティの文化との文化的差異の絶対視に基づいた「新人種主義」のような政治的言説，また歴史的言説，あるいは日常的相互関係

において規定される「イギリス人であること」「中国人であること」の意味が，個人の自己形成の過程において，新たに生み出されたり書き換えられたりしていることを，本書では個人の語りを通して示した。つまり，親の出身地の文化と現にいるところの文化の境界で自己を形成する移民第二世代は，親の出身地の文化に回帰するのではなく，両方の文化を読み替え新しく意味づけして，自己の位置取りを選んでいくといえる。個人の自己形成過程にみられるこのような力は，中国人であることを集団として主体的に主張することによって，被抑圧的な状況に抵抗するようなものではなかったが，固定的な文化概念に基づく言説を解体し，新たな共同性を生み出していく可能性があると考える。

本書のこのような視点は，文化境界での人間形成について，新しい視座を提供したといえる。従来の教育人類学的研究は，文化とパーソナリティ論以来，個人は文化を内面化することによって，その社会が与えてくれる役割や機能を受け容れ自己規定するという考え方に基づき，文化境界での人間形成を二つの文化化の交差として捉えていた。文化的アイデンティティはアプリオリに設定された文化を受け容れることによって形成されるものと捉えられていた。

しかし，本書におけるイギリスの中国系第二世代にみる文化的アイデンティティの多様性は，固定的な文化概念に基づく言説が枠として規定する意味を，日常的な相互作用の中で個人が読み替えていく力によって生み出されていた。ある土地と対応する意味の総体としての文化が，自己アイデンティティの拠り所となることのない文化境界でのアイデンティティ形成は，アプリオリに設定された複数の文化のどちらをどの程度内面化するかが問題なのではなく，固定的な文化概念に基づく言説が自己に枠としてその意味を押しつけてくることが問題なのである。不平等な力関係に規定される中，個人が，自己形成の過程で，外側から自己に押しつけられる固定的な文化概念に基づく言説の意味を読み替えずらしていくことによって，自らの位置取りを選んでいくという視座こそが，境界的状況には重要であると考える。そして，そうした個人の自己形成過程を通して，自己に押しつけられた固定的な文化概念に基づく言説自体が解体され，新しい文化生成の可能性を読み取ることが

必要なのである。現在，中国系第二世代の間では，未だ新しい文化が開花しているとはいえない段階であるが，今後彼らの間でどのような文化が生み出されていくのか見守っていきたい。さらに，主流社会で生まれ育つ移民第二世代は，文化境界で自己形成をするゆえに，既存の境界を崩し，新たな共同性を形成するための先端を切り開く力を秘めていることが，中国系第二世代のアイデンティティ形成過程の検討から見て取れると思う。また本書のように個人としてマイノリティを捉えたミクロな民族誌を積み上げていくことは，「彼らのための」教育を検討していく上でも必要なことであると考える。

　1997年には，イギリスでは長年続いた保守党政権に替わり，若いブレア氏をリーダーとする労働党が政権を握った。今後も，労働党がマイノリティの教育に関してどのような教育政策を採っていくのか，そして，それが中国系の次世代にどのような影響を及ぼしていくのかを見守っていきたいと思う。また，イギリスの他のマイノリティのアイデンティティ形成と中国系のそれとの比較という視点を取り入れていくことも今後の課題である。最後に，本書を書くことによって筆者が得た最上のものは，中国系の人々一人ひとりとの出会いであることをここで改めて記しておきたい。彼らに出会い，その人生に触れることができたことは，本当に幸せであると考えている。本書を書くことによって彼らとの付き合いを終わらせてしまうのではなく，これを始まりとし，彼らの今後の生き方にも触れていきたい。そして本書ではできなかったが，筆者の人生に彼らの人生を重ね合わせたような民族誌を何年後かに書くことが，今後の最大の課題と考えている。

参 考 資 料

　以下は本書でインタビュー対象の中心となった31名の若者の年齢と性別と職業である。

名前：仮名	（性別）	調査時の年齢	職　　業
1．Martin	（男性）	23〜25歳	事務弁護士
2．Karen	（女性）	21歳	大学生
3．Judi	（女性）	17〜18歳	大学生
4．Eddie	（男性）	27歳	コンピューター技師
5．Mark	（男性）	22歳	会社員
6．David	（男性）	28歳	コンピューター技師
7．Simon	（男性）	24歳	コンピューター技師
8．Eva	（女性）	28〜30歳	ニットデザイナー
9．May	（女性）	26歳	服飾メーカー社員
10．Tracy	（女性）	24歳	会社員
11．Helen	（女性）	23〜24歳	幼稚園教師
12．Alice	（女性）	24〜26歳	小学校教師
13．Paul	（男性）	25〜26歳	コンピューター技師
14．Sonia	（女性）	27歳	銀行員
15．Monica	（女性）	23歳	親の中国料理店の手伝い
16．Flora	（女性）	17歳	学生
17．Susan	（女性）	22歳	言語療法士
18．Ricky	（男性）	24歳	大学卒業後商業デザインの職を求職中
19．Victor	（男性）	22歳	グラフィック・デザイン会社の社員
20．Jean	（女性）	23歳	大学院博士課程の学生
21．Linda	（女性）	15〜17歳	学生

22.	Peter	（男性）	26歳	中国系福祉事務所職員
23.	Katherine	（女性）	18歳	学生
24.	Natasha	（女性）	21歳	大学卒業後金融関係の職を求職中
25.	Kwok	（男性）	21歳	大学生
26.	Sarah	（女性）	24歳	大学生
27.	Lily	（女性）	19歳	学生
28.	Sui	（男性）	26歳	大学院修了後求職中
29.	Erik	（男性）	14〜18歳	学生
30.	Jack	（男性）	22歳	薬剤師
31.	Jenny	（女性）	24〜27歳	中国系福祉事務所職員

参考文献

英語文献

Back, L., 1993, "Race, Identity and Nation within an Adolescent Community in South London", *New Community,* 19-2, pp.217-233.

Ballard, C., 1979, "Conflict, Continuity and Change: Second-generation South Asians", Verity Saifullah Khan (ed.), *Minorities Families in Britain: Support and Stress,* Neil Libbert, Camera Press, London, pp.109-129.

Barker, M., 1981, *The New Racism,* Junction Books: London.

Barth, F., 1969, "Introduction", Barth, F. (ed.) *Ethnic Groups and Boundaries,* Little, Brown, Boston.

Baxter, S. and G. Raw, 1988, "Fast food, Fettered work: Chinese women in the ethnic catering industry", Westwood, S. and P. Bhachu (eds.), *Enterprising Women,* Routledge, London, pp.58-75.

Bhachu, P., 1991, "Culture, Ethnicity and Class Among Punjabi Sikh Women in 1990s Britain", *New Community,* 17-3, pp.401-412.

Birmingham Chinese Youth Project, Annual Report, 1993-94, 1994-95, 1995-96.

Bourdieu, P., 1974, "The School as a Conservative Force: Scholatic and Cultural Inequalities". Eggelton, J. (ed.), *Contemporary Research in the Sociology of Education.* London, Methuen. pp.110-117.

Brah, A., 1992, "Difference, diversity and differentiation", Donald, J. and A. Rattansi (eds.) *'Race', Culture & Difference,* Sage Publications, pp.126-145.

―――, 1993, "Race and Culture in the gendering of labour markets: South Asian young Muslim women and the labour market", *New Community,* 19-3, pp.441-449.

Broady, M., 1955, "The social adjustment of Chinese immigarnts in Liverpool", *Social Review,* 3, pp.65-75.

Central Statistical Office, 1995, *Social Trends 25,* A Publication of the Government Statistical Service.

Chann, V.Y.F., 1982, "Paper to National Conference on Chinese Families in Britain", National Children's Centre, *The Silent Minority,* The Report of the Fourth National Conference on the Chinese community in Great Britain, November 1982, Huddersfield, NNC.

Cheng, Y., 1994, *Education and Class : Chinese in Britain and the US,* Avebury.

Chung, Y.K., 1980, "At the Palace : Researching Gender and Ethnicity in a Chinese Restaurant", Stanly, L. (ed.), *Feminist Praxis,* Routledge, London, pp.89-102.

Clifford, J. and G.Marcus (eds.), 1986, *Writing Culture—The Poetics and Politics of Ethnography,* University of California Press, Berkeley.

Clifford, J., 1988, *The Predicament of Culture : Twentieth-Century Ethnography, Literature and Art,* Harvard University Press.

Cohen, A., 1974, "The Lessons of Ethnicity", Cohen, A. (ed.), *Urban Ethnicity,* pp. ix-xxiv.

Cohen, A.P., 1992, "Self-conscious Anthropology", Okely, J. and H. Callaway (eds.) *Anthropology and Autobiography,* London, Routledge.

Commission For Racial Equality, 1978, *Ethnic Britain : Statistical Background,* London. C.R.E.

―――― , 1986, *Employment prospect of Chinese youth in Britain : A Research report,* London, C.R.E.

Craft, M. and A. Craft, 1983, "The Participation of Ethnic Minority Pupils in Further and Higher Education", *Education Research,* 25-1. pp.10-19.

Department of Education and Science 〈DES〉, 1975, *A Language For Life* 〈*Bullock Report*〉, London, HMSO.

―――― , 1977, *Education in Schools-A Consultative Documents,* HMSO.

―――― , 1981, *West Indian Children in Our Schools,* London, HMSO 〈Rampton Report〉.

―――― , 1984, *Mother Tongue Teaching in School and Community,* London, HMSO.

Department of the Environment, 1997, *A Policy for the Inner Cities,* HMSO.

De Vos, George, and Lola Romanucci-Ross, 1975, "Ethnic Identity: Cultural Continuities and Change". George De Vos and Lola Romanucci-Ross (eds.), *Ethnic Identity: Cultural Continuities and Change,* Chicago University Press, Chicago, pp.363-390.

Donald, J. and A. Rattansi, 1992, "Introduction", Donald, J. and A. Rattansi (eds.) *'Race', Culture and Difference,* Sage Publications, pp.1-8.

Erikson, F. and J. Mohatt, 1981, "Cultural Organization of Participant Sturucture in Two Classrooms of Indian Students". G.D. Spindler (ed.), *Doing Ethnography of Schooling,* New York: Holt Rinhart and Winston, pp.132-175.

Essed, P., 1991, *Understanding Everyday Racism,* Sage Publications.

Fan, J. and J. Li, 1996, National Chinese Youth Conference Report, 5th November 1995, Birmingham Chinese Youth Project.

Fitchett, N., 1976, *Chinese Children in Derby,* NAME.

Foley, D.E., 1991, "Reconsidering Anthropological Explanations of Ethnic School Failure", *Anthropology and Education Quartery,* 22, pp.60-86.

Fordham, S., 1988, "Raceless as a Factor in Black Students' School Success: Pragmatic Strategy or Pyrrhic Victory?", *Harvard Educational Review,* 58-1, pp.54-84.

Foucault, M., 1982, "The Subject and Power". Dreyfus, H. and P. Rabinow (eds.), *Michel Foucault: Beyond Structuralism and Hermeneutics.* Chicago: University of Chicago Press, pp.208-226.

Garvey, A. and B. Jackson, 1975, *Chinese Children. Research and Action Project into the Needs of Chinese Children,* National Education Research Development Trust, Cambridge, England.

Ganguly, K., 1992, "Migrant identities: Personal memory and the Constitution of Selfhood", *Cultural Studies,* 16-1, pp.27-50.

Gibson, M.A., 1988, *Accommodation Without Assimilation: Sikh Immigrants in an American High School,* Ithaca and London, Cornell University Press.

Gibson, M.A. and P. Bhachu, 1988, "Ethnicity and School Performance: a comparative study of South Asian pupils in Britain and America", *Ethnic* and Racial Studies, 11-3.

Giddens, A., 1991, *Modernity and Self Identity*, Polity Press, Cambridge.

Gillborn, D., 1995, *Racism and Antiracism in Real Schools*, Open University Press.

Gillborn, D. and D. Youdell, 1999, *Rationing Education : Policy, Practice, Reform and Equity*, Open University Press.

Gilroy, P., 1992, "The end of antiracism", Donald, J. and A. Rattansi (eds.), *'Race', Culture & Difference*, Sage Publications, pp.49-61.

Giroux, H., 1980, "Beyond the correspondence theory : notes on the dynamics of educational reproduction and transformation", *Curriculum Inquiry*, 10-3, pp.225-247.

Great Britain, Central office of Information, 1988, *Education in Britain*.

Great Britain. Parliament. 1985a, House of Commons, Home Affair Committee, *Chinese Community in Britain*, Second Report HAC. Session 1984-5, London, HMSO.

Great Britain. Parliament. 1985b, House of Commoms, *Education For All ; The Report of the Committee of Inquiry into the Education of Children from Ethnic Minority Groups*, 〈Swann Report〉.

Gundara, J., 1986, "Education for a Multicultural Society", Gundara, J., C. Jones, and K. Kimberley, (eds.), *Racism, Diversity and Education*, London, Hodder & Stoughton, pp.4-27.

Hall, S., 1989, "Cultural Identity and Cinematic Representation", *Framework*, 36, pp.69-81.

────── , 1991, "Old and New Identities, Old and New Ethnicities", Anthony D. King (ed.), *Culture, Globalization and the World System*, State University of New York, pp.41-68.

────── , 1992a, "New ethnicities", Donald, J. and A. Rattansi, *'Race', Culture & Difference*, Sage Publications, pp.252-259.

────── , 1992b, "The West and the Rest", Hall, S.and B. Gieben (eds.), *Formations of Modernity*, Polity Press, Cambridge.

────── , 1992c, "The Question of Cultural Identity", Hall, S., D. Held and

McGrew (eds.) *Modernity and Its Futures,* Polity Press, Cambridge, pp.274-325.

Ho, M., 1991, *Attitudes To Bilingualism and Mother Tongue Teaching in Chinese Language Schools,* unpublished M.A. thesis, St. Mary's College.

Hong Kong Government Office (London), 1989, 1991/2, *List of Chinese school/ class in the United Kingdom* (Pamphlet), London, Hong Kong Government Office.

Hong Kong Government Office (London), 1989, 1992, *Chinese Organisation in the United Kindgom* (Pamphlet), London.

Inner London Education Authority, 1986, *Review of Language Education,* London, ILEA.

Inner London Education Authority 〈ILEA〉 Research and Statistics, *1989 Language Census,* London, ILEA.

Jones, D., 1979, "The Chinese in Britain : origins and development of a community", *New Community,* 7-3, pp.397-402.

―――, 1980, "Chinese Schools in Britain : Minority's response to its own needs", *Trends in Education,* Spring 15-18.

Jordan, G. and C. Weedon, 1995, "The celebration of difference and the cultural politics of racism", Adam, B. and B. Allan (eds.), *Theorizing Culture : An interdisciplinary critique after postmodernism,* UCL Press, pp.149-164.

Kim, Eun-Young, 1993, "Career Choice among Second-Generation Korean-Americans : Reflections of Cultural Models of Success", *Anthropology and Education Quartery,* 24-3, pp.224-248.

Ladlow, D.E., 1987, "Aspects of Chinese Culture", Mimeograph, Crown Street, Language Centre, Liverpool.

Lakomski, G., 1984, "On agency and structure : Pierre Bourdieu and Jean-Claude Passeron's theory of symbolic violence", *Curriculum Inquiry,* 14-2, pp.151-163.

Lambeth Chinese Community Association, 1992, *Exploring Our Chinese Identity.*

―――, 1994, *Another Province : New Chinese writing from London.*

Langton, P., 1979, *Chinese children in British Schools,* Centre for Urban Educational Studies, Occasional Paper No.2.

Lary, D., 1991, "Regional Variations in Hong Kong Immigration", *Canada and Hong Kong Update, 5*.

Lavie, S.K.N. and R. Rosald (eds.), 1993, *Creativity/Anthropology*, Ithaca, Cornell University Press.

Lee, P.L.M., 1991, "Hong Kong Visa Students in Metro Toronto—a Research Project", *Canada and Hong Kong Update*.

Li, P. S., 1987, "The Economic Cost of Racism to Chinese-Canadians", *Canadian Ethnic Studies, XIX. 3*, pp.102-113.

———, 1988a, *The Chinese in Canada*, Oxford University Press, Canada.

———, 1988b, *Ethnic Inequality in A Class Society*, Thompson Educational Publishing, Inc.

Li, W., 1994, *Three Generations, Two Languages, One Family : Language Choice and Language Shift in a Chinese Community in Britain*. Multicultural Matters Ltd.

London Kung Ho Association, 1985, *London Kung Ho Association Fund-Raising Campaign for the Chinese Education Trust & Purchase of School Property Special Journal*, London, London Kung Ho Association.

Lynn, I.L., 1982, *The Chinese Community in Liverpool : Their unmet needs with respect to education, social welfare and housing*, Merseyside Area Profile Group, Liverpool.

Luk, B.H.K., 1989, "Education", *The Other Hong Kong Report 1989*, The Chinese University Press, pp.361-394.

———, 1990, "Education", *The Other Hong Kong Report 1990*, The Chinese University Press, pp.151-188.

Mama, A., 1987, Race and Subjectivity, unpublished PhD Thesis, University of London.

Ministry of Education ; *Heritage Languages : Kindergarden To grade 8*, 1991.

Modood, T. and R. Berthoud (eds.), 1997, *Ethnic Minorities in Britain : Diversity and Disadvantage*, Policy Studies Institute, London.

National Children's Centre, 1978, *Report on the Second National Conference on*

Chinese children in Britain, Huddersfield.

National Children's Centre, 1979, *Report on the Third National Conference on Chinese Children in Britain,* held April 1979, Huddersfield.

Ng, K.C., 1968, *The Chinese in London,* Oxford University Press.

Nuffield Foundation, 1981, *Teaching Chinese Children : Teacher's Guide,* London, The Centre for Information on Language Teaching and Research, pp. 1-19.

Ogbu, J.U., 1978, *Minority Education and Caste : The American in Cross-Cultural Perspective,* Academic Press.

―――, 1982, "Cultural Discontinuities and Schooling", *Anthropology and Education Quartery,* 13-14.

―――, 1987, "Variability in Minority School Performance : A Problem in Search of an Explanation", *Anthropology and Education Quartery,* 18-4, pp. 312-334.

Ogbu, J.U. and M.A. Gibson (eds.), 1991, *Minority Status and Schooling : A Comparative Study of Immigrants and Involuntary Minorities,* New York, Garland Publishing Company.

Owen, D., 1993, *Ethnic Minorities in Great Britain : Economic Characteristics,* National Ethnic Minority Data Archive, 1991 Census Statistical Paper No. 3, Centre for Research in Ethnic Relations, University of Warwick.

―――, 1994, *Chinese People and "Other" Minorities in Great Britain : Social and Economic Circumstances,* National Ethnic Minority Data Archive, 1991 Census Statistical paper No.8, Centre for Research in Ethnic Relations, University of Warwick.

Parker, D., 1994a, "Encounters across the counter : Young Chinese People in Britain", *New Community,* 20-4, pp.621-634.

―――, 1994b, *The Chinese in Britain : Annotated Bibliography and Research Resources,* Bibliography in Ethnic Relations No.12, Centre for Research in Ethnic Relations, University of Warwick.

―――, 1995, *Through Different Eyes : The Cultural Identities of Young Chinese People in Britain,* Research in Ethnic Relations Series, Avebury.

Parker, D., J. Li. and J. Fan, 1996, *The Needs of Young People of Chinese Origin in Birmingham,* Birmingham Chinese Youth Project.

Pieke, F.N., 1991, "Chinese Educational Achievement and Folk Theory of Success", *Anthropology and Education Quartery,* 22, pp.162-180.

Poon, M.Y.R. 1986, *Chinese employment in Britain,* Report submitted in partial fulfilment of the degree of Bachelor of Arts. North London polytechnic.

Quan, P.S., 1989, "Chinese Heritage Language Education in Metro Toronto", *Polyphony,* 11.

Rattansi, A., 1992, "Changing the subject ? Racism, culture and education", Donald, J. and A. Rattansi (eds.), *'Race', Culture and Difference,* Saga Publications, pp.11-48.

Rees, T., 1982, "Immigration policies in the United Kingdom", Charles Husband (ed.), *Race in Britain : Continuity and Change,* Hutchinson University Library, pp.75-96.

Reitz, J. G., 1980, *The Survival of Ethnic Groups,* Mcgraw-Hill Ryerson Ltd.

Rosald, R., 1989, *Culture and Truth,The Remaking of Social Analysis,* Beacon Press, Boston.

Shampson, E. D., 1989, "The Deconstruction of the Self", Gergen, K. and Shotter, J. (eds.), *Texts of Identities,* Sage Publications, London, pp.1-19.

Shang, A., 1984, *The Chinese in Britain,* London, Batsford.

Simpson, M. M., 1987, *Children of Dragon, a study of some aspects of the education of pupils of Chinese origin in Leeds schools,* Bradford, Bradford-Ilkely Community College.

Smolicz, J.J., 1981, "Culture, ethnicity and education : multiculturalism in a plural society", *World Yearbook of Education 1981, Education of Minorities,* London, Kogan Page Ltd, pp.22-23.

Suaretz-Orozco, M.M., 1991, "Immigrant Adaptation to Schooling ; A Hispanic Case", Ogbu, J.U. and M.A. Gibson (eds.), *Minority Status and Schooling : A Comparative Study of Immigrants and Involuntary Minorities,* New York : Garland Publishing Company Ltd., pp.37-61.

Swann, M., 1985, *Education for All : A Brief guide to the main isuues of the*

Report, HMSO.

Taylor, M., 1987, *Chinese Pupils in Britain,* NFER, London.

Tomlinson, S., 1980, "Ethnic Minority Parents and Education", Craft, M and J. Raynor and L. Cohen (eds.), *Linking Home and School, 3rd edn,* Harper and Row, pp.187-199.

―――, 1983, *Ethnic Minorities in British School : A Review of the Literature, 1960-82,* Policy Studies Institute Series, Heineman Educational Books.

―――, 1991, "Ethnicity and Educational Attainment in England ; An Overview", *Anthropology and Education Quartery,* 22, pp.121-139.

Tomlinson, S. and M. Craft, 1995 "Education for All in the 1990s", Tomlinson, S. and M. Craft (eds.), *Ethnic Relations and Schooling : Policy and Practice in the 1990s,* The Athlone Press, pp.1-11.

Troya, B. and R. Hatcher, 1992, *Racism in Children's Lives,* Routledge, London.

Tsow, M., 1980, "Chinese children and multicultural education", *Education Journal,* 2(2)-6.

―――, 1983a, "Community education: the unknown perspective-Chinese mother tongue classes", *Journal of Community Education,* 2(1), pp.38-44.

―――, 1983b, "Analysis of responses to a national survey on mother tongue teaching in local education authorities 1980-1982", *Educational Research,* 25- 3.

―――, 1984, *Mother Tongue Maintenance : A Survey of Parttime Chinese Language Classes,* London, CRE.

Turner, V.W. and E.M. Bruner (eds.), 1986, *The Anthropology of Experience,* University of Illinois Press.

Watson J.L., 1974, "Restaurants and remittance : Chinese emigrant workers in London", George, M.F. and V.Robert and Kemper (eds), *Anthropologist in Cities,* Boston : Little, Brown and Company, pp.201-222.

―――, 1975, *Emigration and the Chinese Lineage : The Mans in Hong-Kong and London,* University of California Press.

―――, 1977, "Chinese emigrant ties to the home community", *New Community,* 4, pp.344-352.

Willbert, J. (ed.), 1976, *Enculturation in Latin America,* An Anthology, UCLA Latin American Centre Publications 37, Los Angeles, University of California, pp.1-27.

Wong, L. Yuen-Fan, 1988, *Education of Chinese Children in Britain : A Comparative Study with the United States of America,* PhD thesis, University of London, Institute of Education.

Woodward, K., 1997, "Concepts of Identity and Difference", Woodward, K. (ed.), *Identity and Difference,* Sage Publications, pp.7-62.

Wright, D., 1985, "Teaching Chinese in a Comprehensive School", *Modern Languages,* LXVI, 2, pp.109-113.

Yip, D. 1994, "On Another Province", *Another Province : new Chinese writing from London,* Lambeth Chinese Community Association, p.v.

Yuan, D.Y., "Voluntary Segregation : A Study of New Chinatown", *Phylon,* 1, XXIX-3, pp.255-265.

Zhao, H.Y.H., 1994, "Introduction", *Another Province : new Chinese writing from London,* Lambeth Chinese Association, 1994. pp.x-xiv.

日本語文献

アイザックス・ハロルド R., 1984「基本的集団アイデンティティ——部族のアイドル——」, N. グレイザー& D.P. モイニハン編, 内山秀夫訳『民族とアイデンティティ』三嶺書房, 41-74頁。

新井潤美 2001『階級にとりつかれた人びと——英国ミドル・クラスの生活と意見』中公新書。

綾部恒雄 1985「エスニシティの概念と定義」,『文化人類学2——特集＝民族とエスニシティ』アカデミア出版会, 8-19頁。

伊藤泰信 1996「アイヌの現在の民族誌に向けて」,『民族学研究』61-2, 302-313頁。

ウィリス・ポール 1985『ハマータウンの野郎ども——学校への反抗, 労働への順応』, 熊沢誠・山田潤訳, 筑摩書房。

内堀基光 1989「民族論メモランダム」, 田辺繁治編『人類学的認識の冒険——イデオロギーとプラクティス——』同文舘, 27-43頁。

参考文献

江淵一公 1982「教育人類学」,祖父江孝男監修『医療・映像・教育人類学』(現在の文化人類学2・現代のエスプリ別冊),至文堂,133-230頁。
――― 1994『異文化間教育学序説――移民・在留民の比較教育民族誌的分析』九州大学出版会。
太田好信 1996「人類学／カルチュラルスタディーズ・ポストコロニアルモーメント,あるいは新たなる接合の可能性に向けて」,『現代思想』24-3,青土社,124-137頁。
小笠原博毅 1997「文化と文化を研究することの政治学――スチュアート・ホールの問題設定」,『思想』873,41-66頁。
小口功 1986「イギリスの有色人分散教育――Ealingのバス通学を中心に」,『日本比較教育学会紀要』12,41-48頁。
――― 1990「多民族社会イギリスにおける1988年教育改革法の意義――人種差別の視点からの分析――」,『早稲田教育評論』4-1,227-238頁。
――― 1993「イギリスの多文化教育」,『異文化間教育7 特集：多文化教育と外国人教育』異文化間教育学会,55-68頁。
――― 1996「イギリスの多文化教育に対する逆風」,平成6,7年度科研総合研究(A)『外国人子女教育に関する総合的比較研究』,平成6年度中間報告書(研究代表者 江淵一公),44-49頁。
小田亮 1996「しなやかな野生の知――構造主義と非同一性の思考――」,『思想化される周辺世界』(岩波講座・文化人類学12),岩波書店,97-128頁。
――― 1997「文化相対主義を再構築する」,『民族学研究』62-2,184-204頁。
柿沼秀雄 1991「英国華僑と華僑教育」,『現代中国と華僑教育』多賀出版,294-312頁。
川野辺創 1992「イギリスにおけるバングラディシュ系生徒の低学力の問題」『比較教育学研究』18,65-78頁。
ギアーツ,C. 1987「統合的革命――新興国における本源的感情と市民政治」,吉田禎吾・柳川啓一・中牧弘允・板橋作美訳『文化の解釈学II』,岩波現代新書。
黒木雅子 1999「日系アメリカ女性の自己定義――エスニシティ・ジェンダー・宗教の交錯」,『社会学評論』50-1,59-73頁。
クォン・ピーター 1987『チャイナタウン イン ニューヨーク――現代アメリカの移民コミュニティ』筑摩書房。

載國輝 1991『もっと知りたい華僑』弘文堂。

酒井直樹 1996「序論：ナショナリティと母（国）語の政治」，酒井直樹／ブレッド・ド・バリー／伊谷登士翁編，『ナショナリティの脱構築』柏書房，9-53頁。

佐久間孝正 1993『イギリスの多文化・多民族教育――アジア系外国人労働者の生活・文化・宗教』国土社。

貞好康志 2000「〈民族性〉と〈在地性〉――ジャワの鄭和祭にみる交錯」，『講座・人間と環境8『近所づきあいの風景』（講座・人間と環境8），91-116頁。

関口礼子 1985「カナダにおける多文化教育理念の成立と展開」，小林哲也・江淵一公編『多文化教育の比較研究』九州大学出版会，157-180頁。

――― 1988『カナダ多文化主義教育に関する学際的研究』，東洋館出版社。

瀬川昌久 1989『中国人の村落と宗族――香港新界農村の社会人類学的研究』弘文堂。

――― 1993『客家――華南漢族のエスニシティーとその境界』風響社。

竹沢泰子 1994『日系アメリカ人のエスニシティ』東京大学出版会。

田辺明生 1999「人類学・社会学におけるエージェンシー概念について」，季刊『南アジア構造変動ネットワーク』vol.2, No.1, 65-66頁。

谷富夫 1996「ライフヒストリーとは何か」，谷富夫編『ライフヒストリーを学ぶ人のために』，3-28頁。

成宮千恵 1985「イギリスにおける少数民族集団と教育」，小林哲也・江淵一公編『多文化教育の比較研究』九州大学出版会，29-51頁。

原裕視 1995「異文化接触とアイデンティティ」，『異文化間教育9　特集：異文化接触とアイデンティティ』異文化間教育学会，5-6頁。

船津衛 1996「〈自我〉の社会学」，『自我・主体・アイデンティティ』（岩波講座・現代社会学2），岩波書店，45-68頁。

ブルデュー，P. & J. パスロン 1991『再生産』，宮島喬訳，藤原書店。

ブルデュー，P. 1986「象徴資本の三つの姿」，『象徴権力とプラクチック』Actes 1, 日本エディタースクール，18-29頁。

フリードマン，M. 1987『中国の宗族と社会』，田村克巳・瀬川昌久訳，弘文堂。

プラマー，K. 1991『生活記録の社会学――方法としての生活史研究案内』原田・川合・下田監訳，光生館。

マーカス，G.E. & M.M.J. フィッシャー 1989『文化批判としての人類学』紀伊國

屋書店。

松井清 1994『教育とマイノリティ:文化葛藤のなかのイギリスの学校』弘文堂。

松田素二 1995「人類学における個人,自己,人生」,米山俊直編『現代人類学を学ぶ人のために』,186-204頁。

丸山孝一 1991「マイノリティ教育民族誌方法論(1)」,『九州大学教育学部比較教育文化研究施設紀要』42, 1-14頁。

見田宗介 1995「序 自我・主体・アイデンティティ」,『自我・主体・アイデンティティ』(岩波講座・現代社会学2),岩波書店, 1-12頁。

ミード, G.H., 1991 [自我の発生と社会的コントロール],船津衛・徳川直人編訳『社会的自我』恒星社厚生閣。

箕浦康子 1984『子供の異文化体験——人格形成過程の心理人類学的研究——』思索社。

―――― 1995「異文化接触の下でのアイデンティティ——理論的枠組構築の試み」,『異文化間教育9 特集:異文化接触とアイデンティティ』異文化間教育学会, 19-36頁。

望田研吾 1996「イギリス労働党の多文化教育政策」,平成6,7年度科研総合研究(A)『外国人子女教育に関する総合的比較研究』,平成6年度中間報告書(研究代表者 江淵一公), 40-43頁。

山本須美子 1991「在英中国系社会における民族教育に関する一考察」『九州人類学会報』19, 100-115頁。

―――― 1992「カナダにおける中国系移民に関する一考察——トロントの香港系移民の子弟の教育について——」,『九州教育学会紀要』20, 79-86頁。

―――― 1993「イギリスにおける中国系移民に関する一考察——第二世代の教育をめぐる文化モデルアプローチ——」,『九州教育学会紀要』21, 73-80頁。

―――― 1995「イギリスにおける中国系移民の子供の文化化——第二世代の若者への聞き取り調査から」,『九州教育学会紀要』22, 221-228頁。

―――― 1996「イギリスにおける中国系第二世代のアイデンティティ——文化化の二元的構造との関係からみて」,『移民研究年報』2, 89-114頁。

―――― 1996「中国系移民を通してみたイギリスの多文化教育」平成6,7年文部省科学研究費補助金・総合研究(A)『外国人子女教育に関する総合的比較研究』(研究代表者 江淵一公)研究成果報告書, 87-100頁。

游仲勲 1990『華僑——ネットワークする経済移民』講談社現代新書．
ラタンシ A. 1996「人種差別主義とポストモダニズム（上）（下）」,『思想』870, 868.
ラングネス，L.L. & G. フランク 1993『ライフヒストリー研究入門』，米山俊直・小林多寿子訳，ミネルヴァ書房．
ルイス，O. 1969『サンチェスの子供たち』，上島健吉訳，みすず書房．
——— 1970『貧困の文化——五つの家族』，高山智博訳，新潮社．
ロウ，L. 1996「アジア系アメリカ——異質性・雑種性・複雑性」,『思想』859, 222-249 頁．

索　引

あ行

アイデンティティの危機　4, 10, 11, 12, 111, 160, 180, 182, 196, 203, 204
アイデンティティの政治　24
アイデンティフィケーション（自己確認）　21, 22
アジア系　53, 56, 63
アヘン戦争　38
異化　8, 14, 25
遺産言語プログラム　63
異種混淆性（hybridity）　12, 13, 22
位置取り（positioning）　20, 21, 22, 23, 25, 58, 176, 178, 196, 197, 200
位置づけられた主体（positioned subjects）　32
圍頭人　43
異文化間コミュニケーション論　14
異文化適応　14
移民的少数民族　26
ウエストミンスター地区　28, 50, 89
内ロンドン教育当局（ILEA）　51, 55, 60, 70, 78
英語力不足　4, 10, 58, 59
英連邦諸国　3, 43
エージェンシー　16, 19, 34, 92, 106
エスニシティ　19, 20, 23, 24, 54
エスニシティの活性化　24
エスニシティ論　13, 23
エスニック・アイデンティティ　19, 23, 26
エスニック・コミュニティ　7, 50, 170
エミック（emic）　31
江淵一公　14, 15

太田好信　18
オグブ（Ogbu, J.U.）　26

か行

ガービー＆ジャクソン（Garvey, A. & B. Jackson）　10
階級意識　41, 66, 91
華僑　7
学校適応・不適応　26, 27
カルチュラル・スタディーズ　18
ギデンス（Giddens, A.）　20, 22, 88, 96, 203
ギブソン（Gibson, M.A.）　25, 26
基本的信頼　88, 96
教育人類学　13, 14
教育人類学的研究　13, 17, 25, 205, 206
教育人類学的視点　16, 17, 18
教育民族誌　7
ギルボーン（Gillborn, D.）　5, 53, 55
原初性論者　23
個人的アイデンティティ　8, 23, 24, 25

さ行

差異化　4, 12, 103, 104, 106, 146, 169, 179
差異主義者の人種差別　5
在留邦人子女　15, 106
silent minority　7
酒井直樹　6, 16, 94
サッチャー政権　5, 55
G.C.S.E.（the General Certificate of Secondary Education）　47, 48, 75,

132, 165
ジェンダー　19, 20, 53
自己アイデンティティ　8, 9, 19, 20, 27, 97, 128, 206
自己イメージ　15
下町の中国人　66
社会的アイデンティティ　19
社会的上昇　10, 66
社会文化的再生産理論　25
集合的アイデンティティ　8, 14, 23, 24, 25, 82, 108, 128, 154
宗族　45
象徴的媒介体系　18
新右翼（New Right）　5, 6
新教育右翼（New Education Right）　55
人種　5, 54, 55, 101
人種差別　6, 18, 55, 102, 103, 105, 148, 151, 153, 170
新人種主義　5, 6, 30, 55, 56, 205
心理人類学的研究　15
ステレオタイプ　5, 37, 44
スワンレポート　10, 11, 54, 63
瀬川昌久　43
世代間のギャップ　4, 11, 12, 121

た行

第一世代　4, 7, 77, 147, 151, 193
第二言語としての英語教育　52, 56, 59
多元主義　10
他者の眼差し　22, 104, 112, 114
脱人種化　5, 55
多文化教育　6, 17, 26, 54, 55
多文化主義　18, 54, 55
中秋祭　62, 79
低学力問題　4
定住　4, 8, 40, 41
トウ　11, 57, 67, 72, 74, 75
同化　8, 25, 44, 52

同化主義　53
統合主義　53
トッテンナム地区　85, 90
トロント教育委員会　63

な行

ナショナル・カリキュラム　55
西インド諸島系　8, 9, 23, 53, 56, 63, 85, 87
日系アメリカ人　24
農業革命　42
「normal」な生活　91

は行

バーカー（Barker, M.）　5
パーカー（Parker, D.）　12, 24, 39, 40, 43, 49, 101, 129, 179, 192
バース（Barth, F.）　23
バーミンガム中国系青年プロジェクト　24, 58, 81, 82, 153
バイカルチュラリズム　14
バイリンガリズム　11, 59
パキスタン系　4
原裕視　19
ハリンゲイ地区　27, 50, 77
ハリンゲイ・チャイニーズ・コミュニティ・センター　29, 30, 77, 79, 80, 83
バロックレポート　59
反人種差別運動　24
反人種差別教育　6, 17, 54, 55, 56
反人種差別主義　18
比較教育学　11
東インド会社　37
非自発的少数民族　26
不純性　21
部分的アイデンティフィケーション　22
古い人種主義　5
文化化　13, 14, 15, 16
文化化マトリックス　14

文化境界　　3, 4, 8, 13, 14, 15, 16,
　　17, 18, 20, 22, 206
文化主義　　6, 27
文化的アイデンティティ　　15, 19, 20,
　　21, 22, 30, 97, 106
文化的葛藤　　4, 11, 12, 25, 111, 117,
　　118, 122, 123
文化的種差　　6, 16, 18, 22
文化的同化　　14
文化的不連続　　25
文化とパーソナリティ論　　13, 206
文化モデルアプローチ　　26, 27
分散政策　　52
ベトナム難民　　46, 47, 58
ホール（Hall, S.）　　20, 21, 22
ポジション　　29, 32
保守党　　5, 6
保守党政権　　30, 207,
香港政庁事務所　　69, 76
香港返還　　47, 146
本質主義　　27, 53, 54
本地客家　　43

ま行

南アジア系　　8, 9, 105, 123, 192
南アジア系シーク教徒　　4
箕浦康子　　15, 106
民族境界　　23
民族的主体性回復の物語　　128
メージャー政権　　5

や行

山の手の中国人　　66
用具論者　　23

ら・わ行

ライフヒストリー　　3, 30, 32, 33
ライフヒストリー法　　32
ラタンシ A.　　5, 17, 27, 53, 54
ランプトン報告　　53, 54
労働党　　6, 55, 56, 207
London Kung Ho Association　　68, 70
ワトソン（Watson, J.L.）　　9, 43, 45,
　　46, 58

〈著者略歴〉

山 本 須美子（やまもと・すみこ）

1956年　愛知県生まれ。
1995年　九州大学大学院教育学研究科博士課程単位取得
　　　　現在，筑紫女学園大学非常勤講師
　　　　博士（教育学）

文化境界とアイデンティティ
──ロンドンの中国系第二世代──

2002年5月15日　初版発行

　　著　者　山　本　須美子
　　発行者　福　留　久　大
　　発行所　（財）九州大学出版会
　　　　　　〒812-0053 福岡市東区箱崎7-1-146
　　　　　　　　　　　　九州大学構内
　　　　　　電話　092-641-0515（直通）
　　　　　　振替　01710-6-3677
　　　　　　印刷・製本　九州電算㈱

© 2002 Printed in Japan　　　ISBN4-87378-737-8